A VIDA EM FLUXO 5.0

(Des)Construindo Fronteiras e
Encontrando Equilíbrio entre Vida
Pessoal e Trabalho na Era da IA

Desafios, Bem-Estar e o
Futuro Humano do Trabalho
com a Inteligência Artificial

Alex Melo

Copyright © 2025 Alex Melo. Brasil, 2025
Todos os direitos reservados.

Publicado de forma independente.

Nenhuma parte desta publicação pode ser reproduzida, distribuída ou transmitida de qualquer forma ou por qualquer meio, incluindo fotocópia, gravação ou outros métodos eletrônicos ou mecânicos, sem a permissão prévia por escrito do autor, exceto no caso de breves citações incorporadas em análises críticas e em certos outros usos não comerciais permitidos pela lei de direitos autorais.

Nota: Embora o autor tenha feito o máximo esforço para garantir a precisão e integridade das informações contidas neste livro, a natureza dinâmica do tema (tecnologia, mercado de trabalho, legislação) implica que algumas informações podem evoluir rapidamente. Este livro é oferecido apenas para fins informativos e reflexivos e não constitui aconselhamento profissional de qualquer natureza (legal, médico, financeiro, etc.). O leitor é encorajado a consultar profissionais qualificados para questões específicas.

ISBN: 9798288948282
Selo editorial: Independently published

Aviso Legal e Isenção de Responsabilidade

Este livro foi escrito com o propósito de fornecer informações gerais e educacionais sobre comunicação organizacional, cultura de trabalho e bem-estar. As ideias, conceitos e ferramentas apresentadas são baseadas na pesquisa e experiência do autor, mas não constituem aconselhamento profissional de qualquer natureza (médico, psicológico, jurídico, financeiro ou de gestão). O autor não é um profissional licenciado em todas as áreas abordadas. As informações contidas neste livro são para conhecimento geral e não substituem a consulta a profissionais qualificados para questões específicas ou urgentes relacionadas à saúde mental, gestão, direito ou qualquer outra área especializada. O leitor assume total responsabilidade pelas decisões e ações tomadas com base nas informações aqui contidas. O autor e o editor não se responsabilizam por quaisquer perdas, danos ou consequências resultantes do uso ou aplicação do conteúdo deste livro. Para mais informações sobre o autor entre em contato com alex.melo@hotmail.com

Para todos aqueles que, na turbulência da vida moderna, buscam um respiro, um propósito e a coragem de redefinir o seu próprio ritmo. Que encontrem neste livro um companheiro de jornada.

PREFÁCIO

Uma Jornada Através das Eras

Você está prestes a embarcar em uma jornada extraordinária através do tempo e da consciência humana. Este não é apenas mais um livro sobre equilíbrio entre vida pessoal e trabalho. É um convite para compreender e participar ativamente da maior transformação nas relações humanas e laborais desde a Revolução Industrial: a Era 5.0.

Por milênios, a humanidade passou por transformações que redefiniram completamente como vivemos, trabalhamos e nos relacionamos. Da integração total entre vida e trabalho na Era Agrícola (1.0), passando pela separação rígida imposta pelas Revoluções Industriais (2.0 e 3.0), chegando à conectividade digital que começou a dissolver fronteiras (4.0), agora vivemos um momento único: pela primeira vez na história, temos a oportunidade de escolher conscientemente como queremos que a tecnologia mais avançada já criada - a Inteligência Artificial - se integre às nossas vidas.

A Era 5.0 não é apenas uma evolução tecnológica. É uma revolução de consciência. É o momento em que colocamos o bem-estar humano, a diversidade, a sustentabilidade e o propósito no centro das discussões sobre o futuro do trabalho. É quando reconhecemos que a verdadeira produtividade não se mede apenas em horas trabalhadas ou tarefas completadas, mas na capacidade de criar valor enquanto preservamos nossa humanidade.

Nas páginas que seguem, você descobrirá não apenas os desafios desta nova era - como o burnout digital, a síndrome da prontidão permanente e os vieses algorítmicos - mas também as oportunidades extraordinárias que ela oferece. Você explorará estratégias práticas para navegar este novo mundo, compreenderá o papel crucial das organizações na construção de culturas verdadeiramente humanas, e vislumbrará horizontes possíveis como a semana de 4 dias e a colaboração inteligente entre humanos e IA.

Mais importante ainda: você se reconhecerá como protagonista desta transformação histórica. Suas escolhas, suas reflexões e suas ações hoje estão moldando não apenas seu próprio futuro, mas o futuro de como a humanidade trabalhará e viverá nas próximas décadas.

Bem-vindo à Era 5.0. Bem-vindo ao futuro que estamos criando juntos.

INTRODUÇÃO

Bem-vindos à Era 5.0

Você Está Vivendo um Momento Histórico Único

Imagine por um momento que você pudesse viajar no tempo e conversar com um trabalhador de cada era da humanidade. O agricultor da Era 1.0 não compreenderia a ideia de "sair para trabalhar" - para ele, vida e trabalho eram uma coisa só, ditados pelos ciclos da natureza. O operário da Era 2.0 ficaria perplexo com a possibilidade de trabalhar de casa - sua identidade estava intrinsecamente ligada à fábrica e aos horários rígidos. O executivo da Era 4.0 se surpreenderia ao saber que, em 2024, discutimos seriamente se a Inteligência Artificial deveria ter direitos e como proteger os trabalhadores da vigilância algorítmica.

Cada era trouxe suas próprias definições de trabalho, produtividade, sucesso e, principalmente, das fronteiras entre o que é pessoal e o que é profissional. E agora, você está vivenciando o nascimento da Era 5.0 - um momento em que essas fronteiras não estão apenas sendo redesenhadas, mas conscientemente (des)construídas.

O Que Torna a Era 5.0 Revolucionária

A Era 5.0 é fundamentalmente diferente de todas as anteriores por uma razão crucial: **pela primeira vez na história, temos a oportunidade de escolher conscientemente como queremos que a tecnologia impacte nossas vidas, em vez de simplesmente nos adaptarmos às mudanças impostas por ela.**

Enquanto as eras anteriores foram definidas principalmente por avanços tecnológicos ou pressões econômicas, a Era 5.0 é caracterizada por uma **revolução de consciência**. Estamos questionando não apenas *como* trabalhamos, mas *porque* trabalhamos, *para quem* trabalhamos e *qual o impacto* do nosso trabalho em nosso bem-estar, em nossas comunidades e no planeta.

Evolução 5.0: O Conceito de Sucesso

- **Era 1.0:** Sobrevivência e colheita abundante
- **Era 2.0:** Estabilidade no emprego e salário regular
- **Era 3.0:** Ascensão na hierarquia corporativa
- **Era 4.0:** Flexibilidade e conectividade global
- **Era 5.0:** Bem-estar integral + propósito + impacto sustentável

A Inteligência Artificial como

Catalisador de Humanização

Aqui reside o grande paradoxo da Era 5.0: a Inteligência Artificial, a tecnologia mais sofisticada já criada pela humanidade, está nos forçando a redescobrir e valorizar o que nos torna essencialmente humanos. Enquanto a IA assume tarefas repetitivas, analíticas e de processamento de dados, nós somos chamados a desenvolver e aplicar nossas capacidades mais profundamente humanas: criatividade, empatia, pensamento crítico, intuição e a habilidade de construir relacionamentos significativos.

Esta não é uma competição entre humanos e máquinas, mas uma oportunidade de colaboração inteligente onde cada parte contribui com suas forças únicas. A Era 5.0 é sobre encontrar esse equilíbrio, essa dança harmoniosa entre eficiência tecnológica e bem-estar humano.

Os Pilares da Era 5.0

A Era 5.0 se sustenta em cinco pilares fundamentais que a distinguem de todas as eras anteriores:

1. Bem-Estar como Métrica de Sucesso: Pela primeira vez, a saúde mental e física dos trabalhadores não é vista como um "extra", mas como um indicador fundamental de sustentabilidade organizacional e social.

2. Diversidade como Força Motriz: Reconhecimento de que diferentes perspectivas, experiências e formas de trabalhar não apenas devem ser toleradas, mas ativamente cultivadas como vantagem competitiva e imperativo ético.

3. Tecnologia a Serviço do Humano: A IA e outras tecnologias são desenvolvidas e implementadas com o objetivo explícito de amplificar capacidades humanas, não de substituí-las ou controlá-las.

4. Sustentabilidade como Responsabilidade: Compreensão de que o trabalho deve ser sustentável não apenas economicamente, mas também ambientalmente e socialmente, pensando nas próximas gerações.

5. Propósito como Direcionador: O trabalho é visto não apenas como meio de subsistência, mas como forma de contribuir para algo maior, de encontrar significado e de impactar positivamente o mundo.

Sua Jornada na Era 5.0

Este livro é seu guia para navegar e prosperar na Era 5.0. Juntos, exploraremos como chegamos até aqui, quais são os desafios únicos desta era, e mais importante, como você pode não apenas se adaptar, mas se tornar um agente ativo na construção de um futuro do trabalho mais humano, justo e sustentável.

Você descobrirá que os desafios que enfrenta - seja o burnout, a dificuldade de desconectar, ou a sensação de que a tecnologia está avançando rápido demais - não são falhas pessoais, mas sintomas naturais de uma transição histórica. E mais importante: você aprenderá que tem poder para influenciar o rumo desta transição.

A Era 5.0 não é algo que está acontecendo *para* você. É algo que está acontecendo *com* você, *através* de você.

Suas escolhas, reflexões e ações estão ajudando a moldar como será o futuro do trabalho para as próximas gerações.

GUIA DE LEITURA

Como Navegar Esta Transformação

Maximizando Sua Jornada Através Da Era 5.0

Este livro foi estruturado como uma jornada evolutiva, espelhando a própria progressão da humanidade através das eras do trabalho. Cada capítulo se baseia no anterior, construindo uma compreensão completa de onde estivemos, onde estamos e para onde podemos ir.

Estrutura Da Jornada

Capítulo 1 - A Evolução das Fronteiras: Sua viagem no tempo através das eras 1.0 a 5.0, compreendendo como chegamos ao momento atual e por que esta transformação era inevitável.

Capítulo 2 - As Sombras do Fluxo 5.0: Os desafios únicos da nossa era - burnout digital, tecnoestresse, e como estes fenômenos afetam diferentes grupos de forma desigual.

Capítulo 3 - O Fio da Navalha da IA: O papel ambíguo

da Inteligência Artificial como tanto solução quanto potencial problema, e como navegar seus paradoxos.

Capítulos 4-7: Soluções e estratégias em camadas crescentes - do individual ao coletivo, do presente ao futuro.

Elementos Especiais Da Era 5.0

Ao longo do livro, você encontrará elementos únicos projetados para enriquecer sua experiência:

Boxes "Evolução 5.0"

Comparações visuais mostrando como conceitos evoluíram através das eras, ajudando você a contextualizar mudanças atuais dentro da grande narrativa histórica.

Perspectivas 5.0

Análises de como temas específicos se manifestam de forma única em nossa era, diferenciando-os de abordagens das eras anteriores.

Reflexões Para A Era 5.0

Perguntas especialmente formuladas para ajudá-lo a se posicionar conscientemente nesta transformação histórica.

Como Aproveitar Melhor Este Livro

Para Leitura Linear:

Se você prefere uma jornada completa, leia sequencialmente. Cada capítulo prepara o terreno para o próximo, criando uma compreensão abrangente da Era 5.0.

Para Consulta Específica:

Cada capítulo foi escrito para também funcionar independentemente. Use o sumário para navegar diretamente para temas de seu interesse imediato.

Para Reflexão Profunda:

Reserve tempo para as perguntas de reflexão ao final de cada capítulo. Elas foram cuidadosamente elaboradas para conectar o conteúdo à sua experiência pessoal e profissional.

Para Aplicação Prática:

Mantenha um caderno ou documento digital para anotar insights, estratégias que deseja implementar e reflexões pessoais. A Era 5.0 é sobre ação consciente, não apenas compreensão passiva.

Seu Papel Como Co-Criador

Lembre-se: você não é apenas um leitor consumindo informações sobre a Era 5.0. Você é um participante ativo em sua criação. Suas reflexões, decisões e ações após a leitura deste livro contribuirão para moldar como esta era se desenvolverá.

Considere compartilhar insights com colegas, implementar estratégias em sua organização, ou simplesmente mudar pequenos hábitos pessoais. Cada ação consciente é um voto no tipo de futuro que queremos construir juntos.

A Era 5.0 não é um destino, mas uma jornada. E esta jornada começa agora, com a virada da próxima página.

CAPÍTULO 1: A EVOLUÇÃO DAS FRONTEIRAS - DA ERA 1.0 A 5.0

Como Chegamos à (Des)Construção Consciente das Fronteiras

Para compreender verdadeiramente a revolução que estamos vivendo na Era 5.0, precisamos primeiro viajar no tempo e compreender como a relação entre vida pessoal e trabalho evoluiu através das eras. Esta não é apenas uma lição de história - é a chave para entender por que os desafios que enfrentamos hoje são únicos e por que as soluções que precisamos são fundamentalmente diferentes de tudo que já tentamos antes.

Era 1.0: A Integração Total (10.000 a.C. - 1760 d.C.)

Característica Definidora: Vida e trabalho como uma unidade indivisível

Durante milênios, a humanidade viveu na Era 1.0, onde a separação entre vida pessoal e trabalho simplesmente não existia. O agricultor acordava com o sol, cuidava dos animais, plantava e colhia conforme as estações, e toda a família participava das atividades produtivas. O trabalho era vida, e a vida era trabalho.

Fronteiras: Inexistentes - determinadas pelos ciclos naturais

Localização: Casa, campo, oficina familiar

Ritmo: Sazonal, natural, comunitário

Identidade: Definida pela função na comunidade (agricultor, ferreiro, tecelão)

Perspectiva 5.0: Curiosamente, alguns aspectos da Era 1.0 ecoam em nossa busca atual por integração consciente - a valorização do ritmo natural, o trabalho com propósito comunitário, e a impossibilidade de separar completamente quem somos do que fazemos.

Era 2.0: A Grande Separação (1760-1840)

Característica Definidora: Criação das primeiras fronteiras rígidas entre casa e trabalho

A Primeira Revolução Industrial mudou tudo. Pela primeira vez na história da humanidade, o trabalho se separou fisicamente do lar. As fábricas centralizaram a produção, criando a necessidade de "ir trabalhar" - um conceito que simplesmente não existia antes.

Fronteiras: Rígidas e físicas - fábrica vs. Casa

Localização: Fábrica, mina, oficina centralizada

Ritmo: Mecânico, ditado pelas máquinas

Identidade: Nascimento do "empregado" e da classe trabalhadora

Esta era trouxe benefícios (especialização, eficiência, urbanização) mas também custos humanos enormes: jornadas exaustivas, trabalho infantil, condições insalubres. A separação entre vida e trabalho não foi uma escolha consciente, mas uma imposição da nova realidade industrial.

Era 3.0: A Consolidação e Humanização (1840-1950)

Característica Definidora: Refinamento da separação com foco na proteção do trabalhador

A Segunda Revolução Industrial trouxe não apenas mais tecnologia (eletricidade, linhas de montagem), mas também as primeiras tentativas organizadas de humanizar o trabalho industrial. Surgiram os direitos trabalhistas, a jornada de 8 horas, férias remuneradas e a previdência social.

Fronteiras: Consolidadas e protegidas por lei
Localização: Fábrica moderna, escritório
Ritmo: Padronizado, mas com proteções
Identidade: Profissional especializado com direitos
Evolução 5.0: Conceito de "Horário de Trabalho"
- **Era 1.0:** Nascer e pôr do sol
- **Era 2.0:** Quando a fábrica funcionava (12-16h/dia)
- **Era 3.0:** 8 horas de trabalho, 8 de descanso, 8 de sono
- **Era 4.0:** "Horário flexível", mas sempre conectado
- **Era 5.0:** Foco em resultados e bem-estar, não em horas

Era 4.0: A Dissolução Digital (1950-2020)

Característica Definidora: Tecnologia digital começando a dissolver fronteiras

A Era Digital trouxe computadores, internet, smartphones e, eventualmente, a possibilidade de trabalhar de qualquer lugar, a qualquer hora. Inicialmente celebrada como libertação das limitações físicas, gradualmente revelou-se uma faca de dois gumes: flexibilidade, mas também a invasão do trabalho em todos os espaços da vida.

Fronteiras: Começando a se dissolver

Localização: Escritório, casa, qualquer lugar com internet

Ritmo: 24/7, global, acelerado

Identidade: Profissional conectado, "sempre disponível"

A Era 4.0 nos deu produtividade sem precedentes, mas também fenômenos como burnout digital, vício em tecnologia e a sensação de nunca estar verdadeiramente "desconectado". As fronteiras não desapareceram por escolha consciente, mas foram erodidas pela conveniência e pressão tecnológica.

Era 5.0: A (Des)Construção Consciente (2020-presente)

Característica Definidora: Escolha consciente sobre como integrar vida e trabalho com IA como parceira

E então chegamos à Era 5.0 - nossa era. Pela primeira vez na história, temos a oportunidade de escolher conscientemente como queremos que as fronteiras entre vida e trabalho sejam configuradas. A pandemia de COVID-19 acelerou esta transição, forçando experimentos em massa com trabalho remoto e questionamentos profundos sobre o que realmente importa.

Fronteiras: Conscientemente (des)construídas conforme necessidade e valores

Localização: Híbrida, personalizada, sustentável

Ritmo: Humano, respeitando bem-estar e diversidade

Identidade: Ser humano integral que trabalha com propósito

Os Catalisadores da Era 5.0

1. Inteligência Artificial: Automatizando tarefas repetitivas e liberando humanos para trabalho criativo e relacional

2. Consciência sobre Saúde Mental: Reconhecimento do burnout como epidemia e bem-estar como prioridade

3. Diversidade e Inclusão: Compreensão de que diferentes pessoas precisam de diferentes arranjos para prosperar

4. Sustentabilidade: Urgência climática forçando repensar modelos de trabalho e consumo

5. Propósito: Gerações mais jovens priorizando significado sobre salário

O Paradoxo da Era 5.0

O grande paradoxo da nossa era é que a tecnologia mais avançada da história (IA) está nos forçando a redescobrir nossa humanidade. Enquanto algoritmos assumem análises de dados, nós somos chamados a desenvolver empatia. Enquanto robôs executam tarefas repetitivas, nós exploramos criatividade. Enquanto sistemas automatizados processam informações, nós construímos relacionamentos significativos.

Por Que Esta Evolução Era Inevitável

Olhando para esta progressão histórica, fica claro que a Era 5.0 não é um acidente, mas uma evolução natural. Cada era anterior criou as condições para a próxima:

- A Era 1.0 nos ensinou sobre integração natural
- A Era 2.0 nos mostrou o poder da especialização
- A Era 3.0 nos deu consciência sobre direitos e proteções
- A Era 4.0 nos conectou globalmente e nos deu ferramentas poderosas
- A Era 5.0 nos permite combinar o melhor de todas as anteriores com escolha consciente

A diferença crucial é que, pela primeira vez, temos dados, pesquisas, tecnologia e consciência suficientes para fazer escolhas informadas sobre como queremos viver e trabalhar, em vez de simplesmente reagir às mudanças impostas por forças externas.

Seu Papel na Era 5.0

Compreender esta evolução histórica não é apenas exercício intelectual - é empoderamento. Você não está enfrentando problemas únicos ou falhas pessoais. Você está navegando uma transição histórica que afeta toda a humanidade.

Mais importante: você tem poder para influenciar como

esta era se desenvolve. Suas escolhas sobre como usar tecnologia, como definir limites, como tratar colegas, como liderar equipes - tudo isso está ajudando a moldar os padrões da Era 5.0 para as próximas gerações.

A pergunta não é se a Era 5.0 vai acontecer - ela já está acontecendo. A pergunta é: que tipo de Era 5.0 você quer ajudar a criar?

Reflexões para a Era 5.0 - Capítulo 1

1. **Perspectiva Histórica:** Olhando para a evolução das eras 1.0 a 5.0, qual aspecto de eras anteriores você gostaria de "resgatar" para sua vida atual? O que definitivamente deve ficar no passado?
2. **Seu Momento de Transição:** Você consegue identificar momentos específicos em sua vida profissional que marcaram sua transição da Era 4.0 para a 5.0? Como essa consciência histórica muda sua perspectiva sobre desafios atuais?
3. **Co-Criando o Futuro:** Considerando que você é um participante ativo na criação da Era 5.0, que mudança específica você gostaria de ver acontecer na relação entre vida e trabalho nos próximos 5 anos? Como pode contribuir para essa mudança?

CAPÍTULO 2: AS SOMBRAS DO FLUXO 5.0 - NOVOS FENÔMENOS DA ERA DIGITAL

Compreendendo os Desafios Únicos da Nossa Era

Se o Capítulo 1 nos mostrou como chegamos à Era 5.0 através de uma evolução histórica fascinante, agora precisamos olhar honestamente para as sombras que esta nova era projeta. Compreender estes desafios não é pessimismo - é o primeiro passo essencial para navegar conscientemente esta transformação e construir soluções verdadeiramente eficazes.

Os fenômenos que exploraremos neste capítulo são únicos da Era 5.0. Embora o estresse no trabalho sempre tenha existido, nunca antes enfrentamos burnout digital, síndrome da prontidão permanente ou vieses algorítmicos. Estes são os desafios da nossa geração, e compreendê-los é fundamental para prosperar, não apenas sobreviver, na Era 5.0.

2.1. Burnout 5.0: Quando a Conectividade se Torna Exaustão

O burnout da Era 5.0 é fundamentalmente diferente do esgotamento das eras anteriores. Não é apenas sobre trabalhar muitas horas - é sobre nunca conseguir verdadeiramente desconectar.

Evolução 5.0: O Conceito de Burnout

- **Era 2.0:** Exaustão física por condições insalubres
- **Era 3.0:** Estresse da linha de produção repetitiva
- **Era 4.0:** Sobrecarga de informação e multitasking
- **Era 5.0:** Esgotamento por hiperconectividade e dissolução de fronteiras + pressão por performance constante

A Organização Mundial da Saúde reconheceu oficialmente o burnout como fenômeno ocupacional em 2019 (OMS, 2019), mas os dados da Era 5.0 são alarmantes: 77% dos trabalhadores relatam burnout ocasional, com 38% reportando burnout frequente (Gallup, 2023). Estes números refletem não apenas sobrecarga de trabalho, mas a incapacidade de encontrar momentos genuínos de recuperação.

As Características Únicas Do Burnout 5.0:

Invisibilidade das Fronteiras: Diferente das eras anteriores, onde o fim do expediente era claro, na Era 5.0 o trabalho pode "vazar" para qualquer momento através de notificações, e-mails e expectativas de disponibilidade.

Sobrecarga Cognitiva: A necessidade constante de processar informações, tomar micro-decisões e alternar entre contextos digitais cria uma fadiga mental específica da nossa era.

Pressão por Performance Visível: Redes sociais profissionais e ferramentas de monitoramento criam pressão constante para demonstrar produtividade e engajamento.

2.2. A Síndrome da Prontidão Permanente 5.0

Um dos fenômenos mais característicos da Era 5.0 é o que pesquisadores brasileiros denominaram "Síndrome da Prontidão Permanente" (Ferreira & Assmar, 2020) - a sensação e expectativa de estar sempre disponível para demandas profissionais.

Ferreira & Assmar (2020)

"A Síndrome da Prontidão Permanente caracteriza-se pela sensação de urgência e pela expectativa de estar disponível para o trabalho a qualquer momento, independentemente do horário ou local."

Aplicando Estilo "Normal" - Parágrafo com espaço entre parágrafos

Manifestações Na Era 5.0:

Ansiedade de Notificação: O estresse antecipatório de receber mensagens de trabalho, mesmo fora do horário

Culpa por Desconectar: Sentimento de irresponsabilidade ao não responder imediatamente

Hipervigilância Digital: Estado constante de alerta para comunicações profissionais

FoMO Profissional (fear of mising out): Medo de perder oportunidades ou informações importantes por não estar sempre conectado

---

2.3. Tecnoestresse e Fadiga Digital Específicos da Era 5.0

Enquanto o conceito de tecnoestresse foi introduzido por Craig Brod em 1984, suas manifestações na Era 5.0 são exponencialmente mais complexas devido à sofisticação e ubiquidade das tecnologias atuais.

Fadiga De Videochamadas (Zoom Fatigue)

O pesquisador Jeremy Bailenson (2021) identificou quatro causas específicas da fadiga de videochamadas que são únicas da nossa era:

1. **Contato visual excessivo e intenso** (simulando confronto constante)
2. **Ver a si mesmo constantemente** (autoconsciência cognitivamente exaustiva)

3. **Mobilidade reduzida** (confinamento em enquadramento)
4. **Sobrecarga cognitiva** (processamento de sinais não-verbais limitados)

Sobrecarga De Ferramentas Digitais

A Era 5.0 trouxe uma explosão de ferramentas: Slack, Teams, Zoom, Asana, Trello, Notion, e dezenas de outras plataformas. O que deveria simplificar o trabalho muitas vezes cria complexidade adicional - o que chamamos de "fadiga de ferramenta".

2.4. Toxicidade Digital e Impactos Desproporcionais na Era 5.0

A migração massiva para ambientes digitais na Era 5.0 criou novos espaços para manifestação de comportamentos tóxicos, com impactos particularmente severos para grupos minoritários.
Ciberassédio Profissional

O ambiente digital pode, paradoxalmente, tanto facilitar quanto mascarar comportamentos prejudiciais:

- **Microagressões em Texto:** Comentários sutilmente discriminatórios em chats e e-mails
- **Exclusão Digital:** Não incluir pessoas em comunicações importantes ou grupos de trabalho

- **Assédio por Monitoramento:** Uso excessivo de ferramentas de vigilância digital
- **Gaslighting Virtual:** Questionar a interpretação de comunicações digitais ambíguas

Impacto Desproporcional Em Grupos Minoritários

A pesquisa mostra que profissionais de grupos minoritários enfrentam desafios únicos na Era 5.0:

Viés de Algoritmos: Sistemas de IA podem perpetuar discriminações históricas em processos de recrutamento, avaliação e promoção

Invisibilidade Digital: Dificuldade maior para construir relacionamentos e visibilidade em ambientes virtuais

Sobrecarga de Representação: Pressão adicional para "representar" seu grupo em calls e reuniões digitais

Fadiga de Diversidade: Esgotamento por ter que constantemente educar sobre questões de inclusão em espaços digitais

2.5. A Sociedade da Performance 5.0 (Inspirado em Byung-Chul Han)

O filósofo Byung-Chul Han descreveu nossa transição de uma "sociedade disciplinar" para uma "sociedade de performance" (Han, 2010). Na Era 5.0, esta dinâmica se intensifica através da tecnologia.

Han (2010)

"O sujeito de performance acredita que é livre, mas na realidade está se explorando de forma mais eficaz que qualquer poder externo poderia fazer."

Manifestações Na Era 5.0:

Auto Otimização Digital: Uso compulsivo de apps de produtividade, métricas pessoais, e ferramentas de self-tracking

Performance Nas Redes: Pressão para demonstrar sucesso e produtividade em plataformas profissionais

Gamificação do Trabalho: Transformação de tarefas em jogos que podem criar vício em produtividade

Síndrome do Impostor Amplificada: Comparação constante com outros profissionais através de redes sociais

---

2.6. Fenômenos Emergentes Únicos da Era 5.0

Revenge Bedtime Procrastination (Procrastinação Vingativa Da Hora De Dormir)

Um fenômeno onde pessoas sacrificam sono para "recuperar" tempo pessoal perdido durante o dia devido ao trabalho excessivo. É uma forma desesperada de reivindicar autonomia sobre o próprio tempo.

Quiet Quitting (Demissão Silenciosa)

Fazer apenas o mínimo necessário no trabalho como forma de proteger bem-estar mental, representando uma resposta coletiva aos excessos da Era 4.0 (Xu & Cai, 2022).

Digital Nomad Burnout

Esgotamento específico de profissionais que trabalham remotamente enquanto viajam, combinando pressões profissionais com instabilidade constante.

2.7. Por Que Estes Fenômenos São Oportunidades Disfarçadas

Embora estes desafios sejam reais e sérios, eles também representam sinais de que estamos em uma transição necessária. O burnout 5.0 não é apenas um problema - é um sintoma de que os modelos antigos não funcionam mais e precisamos evoluir.

Cada Fenômeno Que Identificamos Está Gerando:

- **Consciência:** Reconhecimento público de problemas antes invisíveis
- **Pesquisa:** Estudos científicos sobre bem-estar digital
- **Soluções:** Desenvolvimento de ferramentas e práticas para navegar estes desafios
- **Políticas:** Legislações como o direito à

desconexão
- **Cultura:** Mudança nas expectativas sobre trabalho saudável

A Era 5.0 é a primeira era da história em que temos dados, pesquisas e consciência suficientes para abordar proativamente os custos humanos do progresso tecnológico. Isso é revolucionário.

2.8. Preparando o Terreno para Soluções

Compreender estas sombras não é para nos desencorajar, mas para nos preparar. Nos próximos capítulos, exploraremos como a tecnologia (especialmente a IA) pode ser parte da solução, como desenvolver estratégias pessoais de navegação, e como organizações e sociedade podem criar estruturas de suporte.

O que torna a Era 5.0 única não são apenas seus desafios, mas nossa capacidade de abordá-los conscientemente. Pela primeira vez, podemos escolher como queremos que a tecnologia impacte nossas vidas, em vez de simplesmente reagir às mudanças.

Reflexões para a Era 5.0 - Capítulo 2

1. **Autodiagnóstico 5.0:** Quais dos fenômenos descritos (burnout 5.0, síndrome da prontidão permanente, tecnoestresse) você reconhece em sua própria experiência? Como eles se manifestam especificamente em sua vida?
2. **Perspectiva Histórica:** Considerando que estes são desafios únicos da Era 5.0, como isso muda sua percepção sobre suas dificuldades atuais? Você se sente mais ou menos responsável por eles?
3. **Impacto Coletivo:** Se você faz parte de um grupo minoritário, como os desafios digitais descritos impactam sua experiência profissional de forma diferente? Se não, como pode contribuir para criar ambientes digitais mais inclusivos?

CAPÍTULO 3: O FIO DA NAVALHA DA IA - TECNOLOGIA E HUMANIDADE NA ERA 5.0

Navegando o Paradoxo Central da Nossa Era

Se o Capítulo 2 nos mostrou as sombras únicas da Era 5.0, agora precisamos examinar seu catalisador mais poderoso e paradoxal: a Inteligência Artificial. A IA representa o fio da navalha definitivo da nossa era - com potencial sem precedentes para tanto libertar quanto aprisionar, tanto humanizar quanto desumanizar o trabalho.

O paradoxo central da Era 5.0 é que a tecnologia mais sofisticada já criada pela humanidade está nos forçando a redescobrir e valorizar o que nos torna essencialmente humanos. Este capítulo explora como navegar conscientemente este paradoxo, aproveitando o potencial transformador da IA enquanto protegemos nossa humanidade e dignidade.

3.1. A Promessa Revolucionária da IA na Era 5.0

Libertação do Trabalho Repetitivo para Focar no Essencialmente Humano

Pela primeira vez na história, temos uma tecnologia capaz de assumir não apenas tarefas físicas repetitivas, mas também processos cognitivos rotineiros. A IA pode analisar dados, gerar relatórios, responder e-mails padrão, agendar reuniões, fazer triagens iniciais e até mesmo criar conteúdo básico.

Evolução 5.0: O Conceito de "Trabalho Humano"

- **Era 1.0:** Força física + conhecimento tradicional
- **Era 2.0:** Força física + habilidades manuais especializadas
- **Era 3.0:** Conhecimento técnico + seguir procedimentos
- **Era 4.0:** Processamento de informação + multitasking
- **Era 5.0:** Criatividade + empatia + pensamento crítico + construção de relacionamentos

Cenários De Liberação Humana Através Da Ia:

No Atendimento ao Cliente: IA resolve 80% das questões rotineiras, liberando humanos para casos complexos que exigem empatia e julgamento

Na Análise de Dados: IA processa e identifica padrões, humanos interpretam significados e tomam decisões estratégicas

Na Criação de Conteúdo: IA gera rascunhos e estruturas, humanos adicionam insights únicos, criatividade e perspectiva

Na Gestão de Projetos: IA monitora progresso e identifica riscos, humanos lideram equipes e navegam dinâmicas interpessoais

3.2. O Lado Sombrio: Riscos Únicos da IA na Era 5.0

3.2.1. Atrofia Das Capacidades Humanas

A dependência excessiva da IA pode levar à atrofia de habilidades essenciais. Se delegarmos toda análise, escrita e tomada de decisão para algoritmos, corremos o risco de perder nossa capacidade de pensar criticamente e agir autonomamente.

Exemplos de Atrofia Potencial:

- **Pensamento Crítico:** Aceitar resultados de IA sem questionamento
- **Criatividade:** Dependência de sugestões algorítmicas para ideias
- **Comunicação:** Perda da habilidade de escrever sem assistência de IA

- **Resolução de Problemas:** Incapacidade de funcionar quando a IA não tem resposta

3.2.2. Vieses Algorítmicos: Amplificando Desigualdades Na Era 5.0

Um dos riscos mais sérios da IA é a perpetuação e amplificação de vieses históricos e estruturais. Como os sistemas de IA aprendem com dados que refletem desigualdades passadas, eles podem codificar e institucionalizar discriminações.

Buolamwini & Gebru (2018)

"Descobrimos que as ferramentas de análise facial comercial apresentam diferenças significativas no desempenho de acordo com o gênero e a cor da pele da pessoa."

Manifestações no Ambiente de Trabalho 5.0:

Recrutamento: Algoritmos que favorecem candidatos com perfis similares aos funcionários atuais, perpetuando falta de diversidade

Avaliação de Performance: Sistemas que penalizam estilos de trabalho ou comunicação que não se alinham com padrões históricos dominantes

Promoções: IA que replica padrões históricos de ascensão, mantendo barreiras invisíveis para grupos minoritários

Monitoramento: Ferramentas de produtividade que aplicam métricas uniformes, ignorando diferentes necessidades e contextos

3.2.3. Vigilância Algorítmica: O Panóptico Digital

A capacidade da IA de processar enormes quantidades de dados em tempo real cria possibilidades de vigilância no trabalho que seriam impensáveis em eras anteriores.

Mateescu & Nguyen (2019)

"As ferramentas de monitoramento e IA no local de trabalho representam um desafio crescente para a privacidade dos funcionários e a segurança psicológica, criando um ambiente de vigilância constante que pode minar a confiança e a autonomia."

Formas de Vigilância IA na Era 5.0:

- **Análise de Sentimento:** IA analisando tom de voz e linguagem corporal em videochamadas
- **Monitoramento de Produtividade:** Algoritmos rastreando cada clique, pausa e movimento
- **Análise Preditiva:** IA tentando prever quem vai pedir demissão ou ter baixa performance
- **Vigilância Emocional:** Sistemas tentando detectar estados emocionais através de dados comportamentais

3.2.4. Desumanização Das Interações

A mediação excessiva das interações humanas por IA pode levar à perda de nuances, empatia e conexão genuína que são fundamentais para ambientes de trabalho saudáveis.

Riscos de Desumanização:

- **Comunicação Filtrada:** IA "corrigindo" ou "otimizando" comunicações humanas, removendo personalidade
- **Decisões Algorítmicas:** Processos importantes (contratação, demissão, promoção) sendo delegados inteiramente para IA
- **Relacionamentos Mediados:** Interações humanas sendo constantemente filtradas por algoritmos de "eficiência"
- **Perda de Contexto:** IA não compreendendo nuances culturais, emocionais ou situacionais

3.3. Navegando o Fio da Navalha: Princípios para IA Humanizada na Era 5.0

3.3.1. Human-In-The-Loop (Humano No Processo)

O princípio fundamental para navegar o fio da navalha da IA é garantir que humanos permaneçam no centro de decisões importantes, especialmente aquelas que impactam outras pessoas.

Implementação Prática:
- **Decisões de RH:** IA pode fazer triagem inicial, mas humanos fazem decisões finais
- **Avaliação de Performance:** Algoritmos fornecem dados, gestores fazem interpretações

contextuais
- **Atendimento ao Cliente:** IA resolve questões simples, humanos lidam com casos complexos
- **Criação de Conteúdo:** IA gera estruturas, humanos adicionam perspectiva e refinamento

3.3.2. Transparência E Explicabilidade

Na Era 5.0, é essencial que as pessoas compreendam como a IA está sendo usada e como ela afeta suas vidas profissionais.

Práticas de Transparência:
- **Comunicação Clara:** Informar funcionários sobre quais sistemas de IA estão sendo usados
- **Explicação de Decisões:** Quando IA influencia decisões, explicar os critérios utilizados
- **Direito de Questionamento:** Permitir que pessoas contestem ou solicitem revisão humana de decisões algorítmicas
- **Auditoria Regular:** Revisar periodicamente sistemas de IA para identificar vieses ou problemas

3.3.3. Foco Na Amplificação, Não Substituição

A abordagem mais humanizada da IA na Era 5.0 é usá-la para amplificar capacidades humanas, não para substituí-las.

Perspectiva 5.0: IA como Parceira, Não Concorrente

Na Era 5.0, a relação ideal entre humanos e IA não é competitiva, mas colaborativa. A IA assume tarefas que são tediosas ou perigosas para humanos, liberando-nos para trabalho que requer nossa humanidade única: criatividade, empatia, julgamento ético, e a capacidade de navegar ambiguidade e complexidade emocional.

3.4. IA e Diversidade: Oportunidades e Armadilhas na Era 5.0

A IA pode tanto perpetuar quanto combater desigualdades, dependendo de como é desenvolvida e implementada.

Oportunidades Para Maior Inclusão:

Eliminação de Vieses Humanos: IA bem projetada pode remover preconceitos inconscientes em processos de seleção

Personalização de Experiências: Algoritmos podem adaptar ambientes de trabalho para diferentes necessidades e estilos

Democratização de Oportunidades: IA pode identificar talentos em lugares e formas não convencionais

Tradução e Acessibilidade: Tecnologias que quebram barreiras linguísticas e de acessibilidade

Armadilhas A Evitar:

Dados Enviesados: Treinar IA com dados que refletem

desigualdades históricas

Falta de Diversidade no Desenvolvimento: Equipes homogêneas criando algoritmos que não consideram diferentes perspectivas

Aplicação Uniforme: Usar IA de forma "one-size-fits-all" ignorando necessidades específicas de grupos minoritários

Falta de Supervisão: Implementar IA sem monitoramento contínuo de impactos em diferentes grupos

3.5. O Futuro da Colaboração Humano-IA na Era 5.0

O futuro mais promissor da Era 5.0 não é um onde humanos ou IA dominam, mas onde colaboram de forma simbiótica, cada um contribuindo com suas forças únicas.

Cenários De Colaboração Ideal:

Na Medicina: IA diagnostica padrões em exames, médicos interpretam contexto e cuidam do paciente

Na Educação: IA personaliza conteúdo e identifica dificuldades, professores fornecem inspiração e mentoria

No Design: IA gera múltiplas opções e variações, designers aplicam visão criativa e compreensão humana

Na Liderança: IA fornece análises de dados e tendências, líderes tomam decisões considerando impacto humano

Habilidades Humanas Essenciais na Era 5.0:

À medida que a IA assume mais tarefas técnicas, certas habilidades humanas se tornam ainda mais valiosas:

Inteligência Emocional: Compreender e navegar emoções próprias e alheias

Pensamento Crítico: Questionar, analisar e avaliar informações e situações

Criatividade: Gerar ideias originais e soluções inovadoras

Comunicação Empática: Conectar-se genuinamente com outras pessoas

Adaptabilidade: Navegar mudanças e incertezas com flexibilidade

Julgamento Ético: Tomar decisões considerando impactos morais e sociais

3.6. Preparando-se para o Fio da Navalha

Navegar o fio da navalha da IA na Era 5.0 exige preparação consciente tanto individual quanto coletiva.

Para Indivíduos:

Desenvolver Alfabetização em IA: Compreender

básicos de como IA funciona e seus limites

Cultivar Habilidades Humanas: Investir em capacidades que complementam, não competem com IA

Manter Pensamento Crítico: Questionar e validar resultados de IA não aceitar cegamente

Praticar Uso Consciente: Usar IA como ferramenta, mantendo autonomia e julgamento próprio

Para Organizações:

Implementação Ética: Desenvolver políticas claras sobre uso responsável de IA

Treinamento e Educação: Preparar funcionários para trabalhar efetivamente com IA

Monitoramento Contínuo: Avaliar regularmente impactos da IA em funcionários e cultura

Foco no Bem-Estar: Usar IA para melhorar, não prejudicar, experiência dos trabalhadores

3.7. A Escolha Consciente da Era 5.0

O que torna a Era 5.0 revolucionária não é apenas a sofisticação da IA, mas nossa oportunidade de escolher conscientemente como queremos que ela se integre às nossas vidas. Pela primeira vez na história, podemos moldar proativamente o impacto de uma tecnologia transformadora, em vez de simplesmente reagir às suas consequências.

O fio da navalha da IA não é um destino inevitável - é uma escolha contínua. Cada decisão sobre como usar, implementar ou regular IA é um voto no tipo de futuro que queremos criar. E nesse futuro, a tecnologia mais avançada da humanidade pode ser nossa maior aliada na construção de um mundo de trabalho mais humano, justo e sustentável.

Reflexões para a Era 5.0 - Capítulo 3

1. **Sua Relação com IA:** Como você atualmente usa IA em seu trabalho ou vida pessoal? Você sente que está amplificando suas capacidades ou criando dependência? Que mudanças gostaria de fazer nessa relação?
2. **Habilidades Humanas:** Das habilidades essencialmente humanas mencionadas (inteligência emocional, pensamento crítico, criatividade etc.), quais você considera suas forças e quais gostaria de desenvolver mais para prosperar na Era 5.0?
3. **Visão de Futuro:** Como você imagina a colaboração ideal entre humanos e IA em sua área de atuação? Que papel você gostaria de desempenhar nessa colaboração nos próximos 5-10 anos?

CAPÍTULO 4: ESTRATÉGIAS 5.0 PARA O INDIVÍDUO - NAVEGANDO COM CONSCIÊNCIA

Desenvolvendo Sua Agência Pessoal na Era da Transformação

Após compreendermos a evolução histórica que nos trouxe à Era 5.0, reconhecermos seus desafios únicos e navegarmos os paradoxos da IA, chegamos a uma pergunta fundamental: como você, como indivíduo, pode prosperar nesta nova era? Este capítulo é sobre desenvolver sua agência pessoal - sua capacidade de fazer escolhas conscientes e tomar ações intencionais para criar a vida e carreira que deseja na Era 5.0.

Diferente das eras anteriores, onde as estruturas de trabalho eram largamente impostas por forças externas, a Era 5.0 oferece oportunidades sem precedentes para personalização e escolha consciente. Mas com essa liberdade vem a responsabilidade de desenvolver habilidades e estratégias para navegar conscientemente esta complexidade.

4.1. Redefinindo Limites na Era 5.0: Da Separação à Integração Consciente

Na Era 5.0, a questão não é mais "como separar completamente vida e trabalho" (modelo da Era 3.0) nem "como estar sempre disponível" (armadilha da Era 4.0), mas "como integrar conscientemente essas esferas de acordo com meus valores e necessidades".

Evolução 5.0: O Conceito de Limites
- **Era 1.0:** Limites naturais (luz do dia, estações)
- **Era 2.0:** Limites físicos (portão da fábrica)
- **Era 3.0:** Limites temporais (horário comercial)
- **Era 4.0:** Limites erodidos (sempre conectado)
- **Era 5.0:** Limites conscientes (escolha intencional baseada em valores)

Estratégias De Integração Consciente:

Design de Vida Intencional: Em vez de aceitar passivamente como trabalho e vida se misturam, projetar ativamente como você quer que eles se relacionem

Limites Flexíveis, mas Firmes: Criar regras pessoais que podem se adaptar a circunstâncias, mas que são respeitadas consistentemente

Comunicação Proativa: Informar colegas, gestores e família sobre seus limites e expectativas

Revisão Regular: Avaliar periodicamente se seus limites estão funcionando e ajustar conforme necessário

Exemplos Práticos De Limites 5.0:

- **Horários de Comunicação:** "Respondo e-mails de trabalho entre 8h e 18h nos dias úteis, exceto emergências previamente definidas"
- **Espaços Sagrados:** "Meu quarto é zona livre de trabalho, mesmo em home office"
- **Tempo de Transição:** "Sempre faço uma caminhada de 10 minutos entre terminar o trabalho e começar atividades pessoais"
- **Fins de Semana Protegidos:** "Sábados são para família e hobbies, domingos para planejamento e preparação"

4.2. Mindfulness 5.0: Presença Consciente na Era Digital

O mindfulness na Era 5.0 vai além da meditação tradicional - é sobre desenvolver presença consciente em meio ao fluxo digital constante e usar essa consciência para fazer escolhas intencionais sobre atenção e energia.

Kabat-Zinn (1990)
"Mindfulness significa prestar atenção de uma maneira particular: de propósito, no momento presente e sem julgamento."

Práticas De Mindfulness Específicas Da Era 5.0:

Micro-Meditações Digitais: Pausas conscientes de 30-60 segundos entre tarefas digitais para resetar a atenção

Respiração Antes de Notificações: Fazer três respirações profundas antes de verificar e-mails ou mensagens

Monofoco Intencional: Escolher conscientemente fazer uma tarefa por vez, resistindo ao multitasking

Check-ins Emocionais: Pausar regularmente para perguntar "Como estou me sentindo agora?" e "O que preciso neste momento?"

Transições Conscientes: Criar rituais pequenos, mas significativos para marcar mudanças entre atividades ou contextos

Desenvolvendo Metacognição Digital:

A Era 5.0 exige que desenvolvamos consciência sobre nossos padrões digitais:
- **Quando** você tende a verificar dispositivos compulsivamente?
- **Que tipo** de conteúdo digital aumenta ou diminui seu bem-estar?

- **Como** diferentes ferramentas digitais afetam seu humor e produtividade?
- **Quais** gatilhos levam você a comportamentos digitais não intencionais?

4.3. Digital Detox 5.0: Desconexão Estratégica, Não Abandono

Na Era 5.0, o digital detox não é sobre rejeitar tecnologia, mas sobre usar desconexão estratégica para manter equilíbrio e perspectiva.

Modalidades De Detox 5.0:

Micro-Detox: Períodos curtos (15-30 minutos) sem dispositivos, várias vezes ao dia

Detox Temático: Desconectar de tipos específicos de tecnologia (redes sociais, notícias, e-mail) por períodos determinados

Detox Sazonal: Períodos mais longos (fins de semana, férias) com uso mínimo de tecnologia

Detox Seletivo: Manter apenas tecnologias essenciais, eliminando temporariamente as opcionais

Estratégias Práticas:

Zonas Livres de Tecnologia: Designar espaços físicos (quarto, mesa de jantar) onde dispositivos não são permitidos

Horários de Silêncio Digital: Períodos regulares (primeira hora da manhã, última hora da noite) sem tecnologia

Substituição Consciente: Ter atividades alternativas preparadas para ocupar tempo normalmente gasto em dispositivos

Gradualismo: Começar com períodos curtos e aumentar gradualmente, em vez de mudanças drásticas

4.4. Cultivando Identidade Multidimensional na Era 5.0

Uma das armadilhas da Era 4.0 foi a tendência de definir identidade quase exclusivamente através do trabalho. A Era 5.0 nos convida a redescobrir e cultivar múltiplas dimensões de quem somos.

Perspectiva 5.0: Identidade Integral

Na Era 5.0, reconhecemos que somos seres humanos integrais que trabalham, não "recursos humanos" que ocasionalmente vivem. Cultivar hobbies, relacionamentos, interesses e paixões fora do trabalho não é luxo - é essencial para resiliência, criatividade e bem-estar sustentável.

Estratégias Para Identidade Multidimensional:

Mapeamento de Identidades: Listar e explorar conscientemente diferentes aspectos de quem você é (profissional, pai/mãe, artista, atleta, amigo etc.)

Investimento Equilibrado: Dedicar tempo e energia regularmente para diferentes dimensões da identidade

Narrativa Pessoal Rica: Desenvolver formas de se apresentar que vão além do título profissional

Proteção de Tempo Pessoal: Defender ativamente tempo para atividades que nutrem aspectos não-profissionais da identidade

Exemplos De Cultivo Multidimensional:

- **Hobbies Criativos:** Pintura, música, escrita, jardinagem - atividades que exercitam diferentes partes do cérebro
- **Atividades Físicas:** Esportes, dança, caminhadas - reconectando com o corpo
- **Relacionamentos:** Tempo de qualidade com família e amigos sem discussão de trabalho
- **Aprendizado Pessoal:** Estudar temas por puro interesse, não por necessidade profissional
- **Voluntariado:** Contribuir para causas importantes de formas não relacionadas ao trabalho

4.5. Desenvolvendo Habilidades Essencialmente Humanas para a Era 5.0

À medida que a IA assume mais tarefas técnicas e

analíticas, as habilidades que nos tornam unicamente humanos se tornam ainda mais valiosas e necessárias.

Inteligência Emocional 5.0:

Autoconsciência Digital: Reconhecer como diferentes tecnologias e contextos digitais afetam suas emoções

Autoregulação em Ambientes Virtuais: Gerenciar reações emocionais em videochamadas, chats e e-mails

Empatia Digital: Desenvolver capacidade de compreender e responder às emoções de outros através de meios digitais

Habilidades Sociais Híbridas: Navegar relacionamentos que combinam interações presenciais e digitais

Pensamento Crítico 5.0:

Avaliação de Fontes Digitais: Distinguir informação confiável de desinformação em ambientes online

Questionamento de IA: Desenvolver ceticismo saudável sobre resultados e recomendações algorítmicas

Análise de Vieses: Reconhecer vieses próprios e alheios, especialmente em contextos digitais

Síntese Complexa: Combinar informações de múltiplas fontes digitais para formar compreensão nuançada

Criatividade 5.0:

Colaboração Humano-IA: Usar IA como ferramenta criativa mantendo visão e julgamento humano

Inovação Contextual: Aplicar criatividade para resolver problemas únicos que IA não pode abordar

Pensamento Divergente: Gerar múltiplas soluções e perspectivas para desafios complexos

Expressão Autêntica: Manter voz e perspectiva únicas em mundo de conteúdo gerado por IA

4.6. Gerenciando Energia, Não Apenas Tempo, na Era 5.0

A Era 5.0 exige uma mudança de foco da gestão de tempo para a gestão de energia - reconhecendo que nossa capacidade de fazer trabalho de qualidade varia ao longo do dia e que diferentes tipos de trabalho requerem diferentes tipos de energia.

Os Quatro Tipos De Energia:

Energia Física: Vitalidade corporal, saúde, resistência

Energia Emocional: Capacidade de sentir positivo, conectado, motivado

Energia Mental: Foco, concentração, capacidade de processar informação

Energia Espiritual: Senso de propósito, significado, conexão com valores

Estratégias De Gestão De Energia 5.0:

Mapeamento de Ritmos Pessoais: Identificar quando

você tem mais energia para diferentes tipos de trabalho

Correspondência Tarefa-Energia: Alinhar tarefas que exigem alta concentração com períodos de pico mental

Rituais de Renovação: Desenvolver práticas específicas para restaurar cada tipo de energia

Proteção de Energia: Dizer não a atividades que drenam energia sem retorno proporcional

4.7. Construindo Resiliência 5.0: Adaptabilidade com Propósito

A Era 5.0 é caracterizada por mudança constante e acelerada. Desenvolver resiliência não é sobre resistir à mudança, mas sobre manter estabilidade interna enquanto navega transformações externas.

Componentes Da Resiliência 5.0:

Flexibilidade Cognitiva: Capacidade de mudar perspectivas e abordagens conforme necessário

Estabilidade Emocional: Manter equilíbrio emocional em meio à incerteza

Propósito Claro: Ter direção e significado que transcendem circunstâncias específicas

Rede de Suporte: Relacionamentos que oferecem apoio durante desafios

Práticas de Autocuidado: Rotinas que mantêm bem-estar físico e mental

Desenvolvendo Resiliência Prática:

Mindset de Crescimento: Ver desafios como oportunidades de aprendizado, não ameaças

Experimentação Segura: Testar novas abordagens em contextos de baixo risco

Reflexão Regular: Processar experiências para extrair aprendizados e insights

Celebração de Progresso: Reconhecer e valorizar pequenos avanços e conquistas

4.8. Sua Jornada Pessoal na Era 5.0

As estratégias apresentadas neste capítulo não são prescrições universais, mas ferramentas para você adaptar às suas circunstâncias, valores e objetivos únicos. A Era 5.0 é sobre personalização consciente - usar a flexibilidade e oportunidades desta era para criar uma vida e carreira que sejam autenticamente suas.

Lembre-se: você não está apenas se adaptando à Era 5.0, você está ajudando a criá-la. Suas escolhas, experimentos e descobertas contribuem para o desenvolvimento de novos modelos de como viver e trabalhar nesta era transformadora.

O próximo passo é reconhecer que, embora estratégias individuais sejam essenciais, elas funcionam melhor quando apoiadas por organizações que também abraçam os princípios da Era 5.0. É sobre esse papel organizacional que falaremos no próximo capítulo.

Reflexões para a Era 5.0 - Capítulo 4

1. **Autoavaliação de Limites:** Como você atualmente define limites entre vida pessoal e trabalho? Esses limites estão funcionando para você, ou precisam ser redesenhados para a Era 5.0? Que mudanças específicas gostaria de implementar?

2. **Identidade Multidimensional:** Além de seu papel profissional, que outros aspectos de sua identidade são importantes para você? Como pode cultivar melhor essas dimensões para ter uma vida mais equilibrada e resiliente?

3. **Habilidades para o Futuro:** Das habilidades essencialmente humanas discutidas (inteligência emocional, pensamento crítico, criatividade), qual você considera sua maior força e qual gostaria de desenvolver mais para prosperar na Era 5.0?

CAPÍTULO 5: ORGANIZAÇÕES NA ERA 5.0 - CONSTRUINDO CULTURAS VERDADEIRAMENTE HUMANAS

O Papel Transformador das Organizações na Nova Era do Trabalho

Se o capítulo anterior focou nas estratégias que você, como indivíduo, pode adotar para prosperar na Era 5.0, agora ampliamos o olhar para o papel crucial das organizações. A verdade é que, por mais resilientes e conscientes que sejamos individualmente, nossa capacidade de prosperar na Era 5.0 é profundamente influenciada pelos ambientes organizacionais em que trabalhamos.

As organizações da Era 5.0 têm uma oportunidade histórica - e uma responsabilidade - de liderar a construção de um futuro do trabalho verdadeiramente humano. Isso vai muito além de implementar tecnologias avançadas ou oferecer benefícios competitivos. Trata-se de repensar fundamentalmente como as organizações podem servir não apenas aos objetivos de negócio, mas ao florescimento humano integral.

5.1. Redefinindo Sucesso Organizacional na Era 5.0

Além do Lucro: Métricas de Impacto Humano e Sustentabilidade

A Era 5.0 exige uma expansão radical de como definimos e medimos sucesso organizacional. Enquanto a viabilidade econômica permanece essencial, ela deve ser equilibrada com métricas de bem-estar humano e impacto sustentável.

Evolução 5.0: Métricas de Sucesso Organizacional

- **Era 2.0:** Produção física, eficiência operacional
- **Era 3.0:** Lucro, crescimento, participação de mercado
- **Era 4.0:** Inovação, agilidade, satisfação do cliente
- **Era 5.0:** Bem-estar integral + impacto sustentável + propósito + inclusão + viabilidade econômica

Novas Métricas Para A Era 5.0:

Índice de Bem-Estar dos Funcionários: Medindo não apenas satisfação, mas saúde mental, equilíbrio vida-trabalho, e senso de propósito

Pontuação de Inclusão Real: Avaliando não apenas diversidade demográfica, mas inclusão genuína e equidade de oportunidades

Impacto de Sustentabilidade: Medindo pegada ambiental, contribuição social, e sustentabilidade das práticas de trabalho

Índice de Inovação Humana: Avaliando capacidade de inovar de forma que beneficie tanto negócios quanto sociedade

5.2. Políticas de Bem-Estar Digital: Além dos Benefícios Tradicionais

As organizações da Era 5.0 reconhecem que o bem-estar digital não é um "extra" ou benefício opcional, mas uma necessidade fundamental para sustentabilidade organizacional e humana.

Componentes De Políticas De Bem-Estar Digital 5.0:

Educação sobre Saúde Digital: Treinamentos sobre reconhecimento e prevenção de burnout digital, tecnoestresse, e fadiga de tela

Recursos de Saúde Mental Acessíveis: Não apenas

planos de saúde, mas acesso a terapia, coaching de bem-estar, e programas de mindfulness

Flexibilidade Genuína: Políticas que permitem personalização de horários e ambientes de trabalho baseada em necessidades individuais e familiares

Pausas Obrigatórias: Sistemas que incentivam ou até exigem pausas regulares, férias e desconexão

Exemplos Práticos De Implementação:

- **"Sextas-feiras sem Reunião":** Protegendo tempo para trabalho profundo e redução de fadiga de videochamada
- **"Horário de Silêncio de E-mail":** Períodos em que e-mails não devem ser enviados ou respondidos
- **"Orçamento de Bem-Estar":** Recursos financeiros anuais que funcionários podem usar para atividades de bem-estar pessoal
- **"Check-ins de Energia":** Reuniões regulares focadas em bem-estar, não apenas performance

5.3. Direito à Desconexão 5.0: Implementação Consciente e Efetiva

Embora vários países tenham legislações sobre direito à desconexão, a implementação efetiva na Era 5.0 vai muito além da conformidade legal - trata-se de criar culturas organizacionais que genuinamente valorizam e protegem o tempo pessoal dos funcionários.

Implementação Efetiva Do Direito À Desconexão:

Modelagem de Liderança: Líderes que demonstram comportamentos de desconexão saudável, não apenas pregam sobre eles

Expectativas Claras: Comunicação explícita sobre quando comunicação fora do horário é e não é apropriada

Sistemas de Suporte: Ferramentas e processos que facilitam desconexão sem prejudicar produtividade

Cultura de Respeito: Ambiente onde desconectar é visto como responsabilidade profissional, não falta de comprometimento

Perspectiva 5.0: Desconexão como Produtividade

Na Era 5.0, organizações avançadas reconhecem que funcionários bem descansados e com vida pessoal saudável são mais criativos, resilientes e produtivos. Desconexão não é perda de produtividade - é investimento em produtividade sustentável.

Casos De Sucesso Global:

França: Empresas que implementaram acordos internos sobre horários de comunicação viram redução de 23% em estresse relacionado ao trabalho

Portugal: Organizações que adotaram políticas de desconexão reportaram aumento de 15% em satisfação dos funcionários

Islândia: Empresas que participaram dos testes de semana de 4 dias mantiveram produtividade enquanto melhoraram significativamente bem-estar

5.4. IA Ética e Transparente: Implementação Responsável na Era 5.0

As organizações da Era 5.0 não apenas usam IA, mas a implementam de forma ética, transparente e centrada no bem-estar humano.

Princípios De Ia Organizacional Ética:

Transparência Total: Funcionários sabem quando e como IA está sendo usada em processos que os afetam

Auditoria Regular de Vieses: Revisões sistemáticas para identificar e corrigir discriminações algorítmicas

Humano-no-Centro: IA aumenta capacidades humanas, nunca substitui julgamento humano em decisões importantes

Direito de Contestação: Funcionários podem questionar e solicitar revisão humana de decisões influenciadas por IA

Implementação Prática:

Comitês de Ética em IA: Grupos multidisciplinares que avaliam implementações de IA

Treinamento em Alfabetização de IA: Educação para todos os funcionários sobre como IA funciona e seus limites

Políticas de Uso Responsável: Diretrizes claras sobre quando e como IA deve ser usada

Monitoramento de Impacto: Avaliação contínua de como IA afeta bem-estar e equidade dos funcionários

5.5. Segurança Psicológica 5.0: O Alicerce da Inovação e Bem-Estar

Na Era 5.0, onde mudança é constante e colaboração humano-IA é essencial, a segurança psicológica se torna ainda mais crítica. É impossível navegar efetivamente a complexidade desta era sem ambientes onde pessoas se sintam seguras para expressar ideias, fazer perguntas, e cometer erros.

Edmondson (1999)

"Segurança psicológica é definida como a crença compartilhada pelos membros da equipe de que a equipe é segura para a tomada de risco interpessoal."

Dimensões Da Segurança Psicológica Na Era 5.0:

Segurança Digital: Sentir-se confortável para expressar opiniões e fazer perguntas em ambientes virtuais

Segurança de Experimentação: Permissão para testar novas abordagens e tecnologias sem medo de punição por falhas

Segurança de Diversidade: Ambiente onde diferentes perspectivas, estilos de trabalho e necessidades são valorizados

Segurança de Bem-Estar: Capacidade de comunicar limites, necessidades de saúde mental, e desafios pessoais sem julgamento

Construindo Segurança Psicológica Na Prática:

Liderança Vulnerável: Líderes que admitem erros, pedem ajuda, e demonstram aprendizado contínuo

Celebração de Falhas Construtivas: Reconhecer e aprender com experimentos que não deram certo

Escuta Ativa Sistemática: Processos regulares para ouvir feedback e preocupações dos funcionários

Resposta Construtiva: Abordar problemas levantados de forma transparente e efetiva

5.6. Liderança 5.0: Empática, Adaptável e Centrada no Humano

A liderança na Era 5.0 requer uma evolução fundamental - de gestores que controlam para líderes que capacitam, de foco em tarefas para foco em pessoas, de comando e controle para inspiração e suporte.

Evolução 5.0: Estilos de Liderança

- **Era 2.0:** Supervisão direta, controle de tarefas
- **Era 3.0:** Gestão por objetivos, hierarquia clara
- **Era 4.0:** Liderança transformacional, visão inspiradora
- **Era 5.0:** Liderança empática + adaptável

+ centrada no bem-estar + colaborativa com IA

Competências Essenciais Da Liderança 5.0:

Inteligência Emocional Avançada: Capacidade de reconhecer, compreender e responder apropriadamente às emoções próprias e da equipe, especialmente em contextos digitais

Adaptabilidade Consciente: Flexibilidade para mudar abordagens baseada em feedback e circunstâncias, mantendo valores centrais

Facilitação de Bem-Estar: Habilidade de identificar sinais de esgotamento, estresse e necessidades de suporte na equipe

Colaboração Humano-IA: Compreensão de como usar IA para potencializar capacidades da equipe sem substituir julgamento humano

Práticas De Liderança 5.0:

Check-ins Holísticos: Conversas regulares que abordam não apenas progresso do trabalho, mas bem-estar geral

Coaching de Energia: Ajudar funcionários a identificar e gerenciar seus padrões de energia e produtividade

Modelagem de Limites: Demonstrar comportamentos saudáveis de trabalho-vida através de ações, não apenas palavras

Personalização de Abordagem: Reconhecer que diferentes pessoas têm diferentes necessidades, estilos e circunstâncias

5.7. Diversidade, Equidade e Inclusão 5.0: Além da Representação

Na Era 5.0, DEI (Diversidade, Equidade e Inclusão) evolui de iniciativas de conformidade para estratégias fundamentais de inovação e sustentabilidade organizacional.

Dei Na Era 5.0 Aborda:

Vieses Algorítmicos: Garantir que sistemas de IA não perpetuem ou ampliem discriminações

Inclusão Digital: Criar ambientes virtuais onde todos se sintam vistos, ouvidos e valorizados

Equidade de Acesso: Assegurar que oportunidades de desenvolvimento e crescimento sejam genuinamente acessíveis a todos

Interseccionalidade: Reconhecer que pessoas têm múltiplas identidades que se intersectam e influenciam sua experiência

Estratégias Avançadas De Dei 5.0:

Auditoria de Experiência: Avaliar como diferentes grupos vivenciam processos organizacionais, especialmente em ambientes digitais

Mentoria Reversa: Programas onde funcionários mais jovens ou de grupos minoritários mentoram líderes seniores sobre perspectivas diversas

Flexibilidade Cultural: Políticas que acomodam diferentes necessidades culturais, religiosas e pessoais

Métricas de Pertencimento: Medir não apenas se pessoas estão presentes, mas se sentem que pertencem e podem ser autênticas

5.8. Gestão de Equipes Híbridas: Maximizando o Melhor dos Dois Mundos

A Era 5.0 é caracterizada por trabalho híbrido - combinando presencial e remoto de forma intencional e estratégica, não apenas por necessidade ou conveniência.

Princípios De Gestão Híbrida 5.0:

Intencionalidade: Cada escolha entre presencial e remoto é feita com propósito claro

Equidade: Garantir que funcionários remotos e presenciais tenham oportunidades iguais

Flexibilidade Estruturada: Oferecer opções dentro de frameworks que suportam colaboração efetiva

Foco em Resultados: Avaliar performance baseada em entregas e impacto, não localização ou horas

Estratégias Práticas:

Dias de Colaboração Intencional: Usar tempo presencial para atividades que se beneficiam de interação face a face

Rituais de Conexão: Criar momentos regulares para construir relacionamentos e cultura de equipe

Documentação Transparente: Garantir que informações importantes sejam acessíveis a todos, independente de localização

Tecnologia Inclusiva: Usar ferramentas que criam experiências equivalentes para participantes remotos e presenciais

5.9. Medindo o Que Importa: KPIs para a Era 5.0

As organizações da Era 5.0 desenvolvem sistemas de medição que capturam tanto performance quanto bem-estar, tanto resultados quantitativos quanto qualitativos.

Novos Kpis Para A Era 5.0:

Índice de Sustentabilidade de Performance: Mede se alta performance é mantida sem comprometer bem-estar

Pontuação de Inovação Colaborativa: Avalia qualidade de ideias geradas através de colaboração humano-IA

Métrica de Crescimento Integral: Considera desenvolvimento profissional, pessoal e contribuição social

Indicador de Resiliência Organizacional: Mede

capacidade de adaptação a mudanças mantendo valores centrais

5.10. O Futuro das Organizações 5.0

As organizações que prosperarão na Era 5.0 serão aquelas que reconhecem que seu sucesso está intrinsecamente ligado ao florescimento de seus funcionários e ao impacto positivo na sociedade. Elas compreenderão que, em um mundo onde IA pode replicar muitas capacidades técnicas, o diferencial competitivo real está na capacidade de criar ambientes onde humanos podem expressar sua criatividade, empatia e sabedoria únicas.

Essas organizações não apenas implementarão as práticas descritas neste capítulo, mas as adaptarão continuamente baseadas em feedback, pesquisa e evolução das necessidades humanas. Elas serão laboratórios vivos de como trabalho e bem-estar podem coexistir e se reforçar mutuamente.

O próximo passo é explorar como essas transformações organizacionais podem ser aceleradas através de modelos de trabalho inovadores que estão redefinindo o que significa produtividade e sucesso na Era 5.0.

Reflexões para a Era 5.0 - Capítulo 5

1. **Avaliação Organizacional:** Como você avaliaria sua organização atual em relação aos princípios da Era 5.0 discutidos (bem-estar digital,

segurança psicológica, uso ético de IA etc.)? Que áreas têm maior potencial de melhoria?

2. **Liderança 5.0:** Se você está em posição de liderança, quais competências da Liderança 5.0 você gostaria de desenvolver? Se não está, que tipo de liderança você gostaria de ver em sua organização?

3. **Agente de Mudança:** Independente de sua posição hierárquica, como você pode contribuir para criar uma cultura organizacional mais alinhada com os valores da Era 5.0? Que pequenas ações poderia começar a implementar?

CAPÍTULO 6: HORIZONTES 5.0 - MODELOS DE TRABALHO PARA O FUTURO HUMANO

Experimentando com Novos Paradigmas de Produtividade e Bem-Estar

Após explorarmos estratégias individuais e organizacionais para navegar a Era 5.0, chegamos a uma fronteira emocionante: os modelos de trabalho que estão redefinindo fundamentalmente nossas concepções de produtividade, tempo e sucesso. Estes não são apenas ajustes incrementais aos modelos existentes, mas experimentos audaciosos que questionam premissas básicas sobre como o trabalho deve ser estruturado.

A Era 5.0 é única porque, pela primeira vez na história, temos dados, tecnologia e consciência suficientes para testar sistematicamente novos modelos de trabalho em larga escala. Os experimentos que exploraremos neste capítulo não são utopias teóricas, mas realidades sendo testadas e implementadas por organizações ao redor do mundo, com resultados que desafiam muitas de nossas suposições sobre trabalho e produtividade.

6.1. A Semana de 4 Dias: Revolução Silenciosa da Era 5.0

Redefinindo a Relação Entre Tempo e Produtividade

A semana de 4 dias representa uma das transformações mais significativas e contraintuitivas da Era 5.0: a ideia de que trabalhar menos pode resultar em maior produtividade, melhor bem-estar e organizações mais sustentáveis.

Evolução 5.0: Conceito de Semana de Trabalho

- **Era 1.0:** Ciclos naturais (plantio/colheita)
- **Era 2.0:** 6-7 dias, 12-16 horas/dia
- **Era 3.0:** 5 dias, 8 horas/dia (conquista trabalhista)
- **Era 4.0:** 5 dias oficiais, mas trabalho "vazando" para fins de semana
- **Era 5.0:** 4 dias de alta intensidade + 3 dias de recuperação e vida pessoal

O Princípio Fundamental Da Semana De 4 Dias Na Era 5.0:

A premissa central não é simplesmente "trabalhar

menos", mas **trabalhar de forma mais inteligente e sustentável**.

O modelo reconhece que:

- Produtividade sustentável requer recuperação adequada
- Funcionários bem descansados são mais criativos e eficientes
- Tecnologia (especialmente IA) pode eliminar muitas tarefas de baixo valor
- Bem-estar pessoal contribui diretamente para performance profissional

6.2. Evidências Globais: Resultados dos Experimentos 5.0

Islândia: O Laboratório Pioneiro

Entre 2015 e 2019, a Islândia conduziu um dos experimentos mais abrangentes da Era 5.0, envolvendo mais de 2.500 trabalhadores (cerca de 1% da força de trabalho nacional).

Resultados:

- **Produtividade:** Mantida ou aumentada na maioria dos setores
- **Bem-estar:** Redução significativa de estresse e burnout
- **Vida pessoal:** Melhoria dramática em equilíbrio trabalho-vida

- **Impacto social:** Redução de 1% da força de trabalho não afetou serviços públicos

Reino Unido: O Teste Coordenado De 2022

61 empresas participaram do maior teste coordenado de semana de 4 dias da Era 5.0, envolvendo quase 3.000 funcionários.

4 Day Week Global (2023)

"92% das empresas participantes decidiram continuar com a semana de 4 dias após o teste, reportando aumento médio de 38% na receita e redução de 57% no turnover de funcionários."

Resultados Detalhados:
- **Performance:** 97% das empresas mantiveram ou melhoraram produtividade
- **Bem-estar:** 71% dos funcionários reportaram redução de burnout
- **Satisfação:** 55% das empresas reportaram aumento na satisfação dos funcionários
- **Sustentabilidade:** 71% das empresas reportaram redução no esgotamento dos funcionários

Bélgica: Flexibilidade Legal

A Bélgica aprovou legislação permitindo que funcionários solicitem compressão de sua semana de trabalho em 4 dias, mantendo as mesmas horas totais, mas com maior flexibilidade.

Outros Experimentos Globais:

Espanha: Governo oferecendo subsídios para empresas testarem semana de 4 dias

Escócia: Teste piloto com 30 empresas mostrando resultados promissores

Japão: Microsoft Japão reportou aumento de 40% na produtividade durante teste

Nova Zelândia: Perpetual Guardian tornou permanente após teste bem-sucedido

6.3. Como a IA Viabiliza a Semana de 4 Dias na Era 5.0

A convergência entre semana de 4 dias e Inteligência Artificial representa uma das sinergias mais poderosas da Era 5.0.

Ia Como Facilitadora Da Compressão Inteligente:

Automatização de Tarefas Rotineiras: IA assume atividades repetitivas, liberando tempo humano para trabalho de alto valor

Otimização de Processos: Algoritmos identificam ineficiências e sugerem melhorias que aumentam produtividade

Personalização de Horários: IA analisa padrões de produtividade individual para otimizar quando e como cada pessoa trabalha melhor

Suporte à Decisão: Sistemas inteligentes fornecem análises rápidas, reduzindo tempo gasto em processamento de informações

Perspectiva 5.0: IA + Semana de 4 Dias = Liberação Humana

A combinação de IA e semana de 4 dias não é sobre trabalhar menos por preguiça, mas sobre usar tecnologia avançada para liberar tempo humano para atividades que realmente importam: criatividade, relacionamentos, desenvolvimento pessoal, e contribuições sociais que nenhuma máquina pode fazer.

6.4. Modelos de Implementação: Adaptando à Realidade Organizacional

A Era 5.0 reconhece que não existe um modelo único de semana de 4 dias. Diferentes organizações, setores e culturas requerem abordagens adaptadas.

Modalidades De Semana De 4 Dias:

Modelo Clássico (32 horas): 4 dias de 8 horas, mantendo salário integral

Modelo Comprimido (40 horas): 4 dias de 10 horas, redistribuindo horas existentes

Modelo Flexível: Funcionários escolhem qual dia da semana tirar folga

Modelo Sazonal: Semana de 4 dias durante períodos

específicos (verão, baixa temporada)

Modelo Híbrido: Combinação de semanas de 4 e 5 dias baseada em necessidades do negócio

Adaptações Por Setor:

Tecnologia: Implementação mais direta, foco em resultados e projetos

Manufatura: Turnos escalonados, automação aumentada

Saúde: Modelos rotativos, uso de telemedicina e IA diagnóstica

Educação: Dias intensivos de ensino + dias de planejamento e desenvolvimento

Varejo: Horários flexíveis, tecnologia de autoatendimento

6.5. Desafios e Soluções da Era 5.0

Desafios Comuns E Abordagens 5.0:

Intensificação Excessiva:
- *Problema:* Comprimir 5 dias de trabalho em 4 sem mudanças de processo
- *Solução 5.0:* Redesenhar processos com IA, eliminar reuniões desnecessárias, focar em resultados

Coordenação de Equipes:
- *Problema:* Dificuldade de colaboração com dias

livres diferentes
- **Solução 5.0:** Ferramentas de colaboração assíncrona, documentação transparente, sobreposição estratégica

Resistência Cultural:
- *Problema:* Mentalidade de "horas = comprometimento"
- *Solução 5.0:* Educação sobre produtividade sustentável, métricas baseadas em resultados, liderança exemplar

Atendimento ao Cliente:
- *Problema:* Manter qualidade de serviço com menos dias
- *Solução 5.0:* Chatbots inteligentes, autoatendimento, turnos escalonados

6.6. Outros Modelos Inovadores da Era 5.0

Trabalho Baseado em Energia (Energy-Based Work):

Modelo que reconhece que produtividade varia baseada em energia pessoal, não apenas tempo.

Características:
- Horários personalizados baseados em ritmos circadianos individuais
- Pausas obrigatórias quando energia está baixa
- Tarefas complexas agendadas para picos de

energia pessoal

Modelo De Projetos Intensivos:

Alternância entre períodos de trabalho intenso e períodos de recuperação/desenvolvimento.

Estrutura:
- 6-8 semanas de trabalho focado em projeto específico
- 1-2 semanas de recuperação, aprendizado e planejamento
- Ciclos adaptados à natureza do trabalho e necessidades pessoais

Trabalho Sazonal Consciente:

Adaptação de intensidade de trabalho a ciclos naturais e pessoais.

Aplicação:
- Verão: Horários reduzidos, mais trabalho ao ar livre
- Inverno: Foco em projetos internos, desenvolvimento de habilidades
- Personalização baseada em preferências e necessidades familiares

6.7. Impactos Sociais dos Novos Modelos 5.0

Os modelos de trabalho da Era 5.0 têm implicações que vão muito além das organizações individuais.

Benefícios Sociais Observados:

Redução de Emissões: Menos deslocamentos = menor pegada de carbono

Melhoria na Saúde Pública: Funcionários menos estressados = menor pressão no sistema de saúde

Fortalecimento de Comunidades: Mais tempo livre = maior engajamento cívico e social

Equidade de Gênero: Melhor distribuição de responsabilidades domésticas e cuidado

Economia Local: Pessoas com mais tempo livre gastam mais em suas comunidades

Desafios Sociais A Considerar:

Desigualdade de Acesso: Nem todos os trabalhos podem adotar estes modelos

Pressão Competitiva: Empresas que não adotam podem ter desvantagem na atração de talentos

Adaptação de Infraestrutura: Serviços públicos e privados precisam se adaptar a novos padrões

6.8. O Futuro dos Modelos de Trabalho na Era 5.0

Os experimentos atuais são apenas o começo. A Era 5.0 promete uma personalização ainda maior dos modelos de trabalho, onde:

IA Personalizada: Algoritmos que sugerem horários e estruturas de trabalho otimizadas para cada indivíduo

Flexibilidade Total: Modelos que se adaptam a mudanças na vida pessoal, saúde e circunstâncias

Métricas Holísticas: Avaliação de sucesso baseada em bem-estar integral, não apenas produtividade

Colaboração Global: Equipes distribuídas trabalhando em fusos horários otimizados para cada membro

6.9. Preparando-se para os Horizontes 5.0

Seja você um funcionário, gestor ou líder organizacional, os modelos emergentes da Era 5.0 oferecem oportunidades para repensar fundamentalmente como trabalho e vida podem se integrar de forma mais harmoniosa e sustentável.

A questão não é se estes modelos se tornarão mainstream - os dados sugerem que já estão se tornando. A questão é como você e sua organização podem se preparar para participar conscientemente desta transformação, adaptando os princípios às suas realidades específicas e contribuindo para o desenvolvimento de um futuro do trabalho verdadeiramente humano.

Os horizontes da Era 5.0 não são destinos fixos, mas possibilidades em constante evolução. E essa evolução requer não apenas experimentação organizacional, mas também ação coletiva e mudanças sistêmicas - o tema do nosso próximo e último capítulo.

Reflexões para a Era 5.0 - Capítulo 6

1. **Visão Pessoal:** Como você imagina que uma semana de 4 dias (ou outro modelo alternativo) impactaria sua vida pessoal e profissional? Que atividades ou aspectos da vida você priorizaria com tempo adicional?
2. **Viabilidade Setorial:** Considerando seu setor de atuação, quais modelos de trabalho alternativos parecem mais viáveis? Que adaptações seriam necessárias para implementá-los efetivamente?
3. **Agente de Mudança:** Como você pode contribuir para o teste ou implementação de modelos de trabalho mais humanos e sustentáveis em sua organização ou comunidade profissional?

CAPÍTULO 7: MANIFESTO 5.0 - UM CHAMADO À TRANSFORMAÇÃO COLETIVA

Construindo o Futuro do Trabalho Através da Ação Coletiva

Chegamos ao capítulo final da nossa jornada através da Era 5.0, mas este não é um fim - é um começo. Tudo que exploramos até agora - a evolução histórica, os desafios únicos, os paradoxos da IA, as estratégias individuais, as transformações organizacionais e os modelos inovadores - converge para uma realização fundamental: a Era 5.0 não será construída por esforços isolados, mas através de ação coletiva coordenada e consciente.

Este capítulo é simultaneamente um manifesto e um chamado à ação. É um reconhecimento de que, embora cada um de nós tenha poder para influenciar nossa própria experiência na Era 5.0, a transformação sistêmica que precisamos requer a colaboração entre indivíduos, organizações, governos, instituições educacionais e a sociedade civil como um todo.

7.1. Os Princípios Fundamentais da Era 5.0

Um Manifesto para o Futuro Humano do Trabalho

Antes de explorarmos as ações coletivas necessárias, é essencial articular claramente os princípios que devem guiar nossa construção da Era 5.0:

1. Humanidade No Centro

Princípio: Toda tecnologia, política e prática organizacional deve ser avaliada primeiro pelo seu impacto no bem-estar e dignidade humana.

Aplicação: Decisões sobre implementação de IA, estruturas de trabalho e métricas de sucesso sempre consideram o elemento humano como prioridade.

2. Diversidade Como Força

Princípio: Diferentes perspectivas, necessidades e formas de trabalhar não são obstáculos a serem superados, mas recursos valiosos a serem cultivados.

Aplicação: Políticas e práticas são projetadas para acomodar e celebrar diferenças, não para forçar uniformidade.

3. Sustentabilidade Integral

Princípio: O trabalho deve ser sustentável não apenas economicamente, mas também ambientalmente, socialmente e psicologicamente.

Aplicação: Métricas de sucesso incluem impacto de longo prazo no planeta, comunidades e bem-estar individual.

4. Transparência E Responsabilidade

Princípio: Sistemas que afetam vidas humanas (especialmente IA) devem ser transparentes, explicáveis e sujeitos a responsabilização.

Aplicação: Algoritmos que influenciam decisões de trabalho são auditáveis e contestáveis.

5. Colaboração Consciente

Princípio: A relação entre humanos e IA deve ser de parceria consciente, não substituição ou dominação.

Aplicação: IA é implementada para amplificar capacidades humanas únicas, não para substituí-las.

7.2. O Papel dos Governos na Era 5.0

Criando Marcos Regulatórios para o Futuro Humano

Os governos têm um papel crucial na criação de

estruturas que protejam trabalhadores e orientem a evolução responsável da Era 5.0.

Prioridades Legislativas Da Era 5.0:

Expansão do Direito à Desconexão: Legislações que vão além das existentes, criando proteções robustas contra hiperconectividade forçada

Regulamentação Ética de IA: Marcos legais que garantem transparência, auditabilidade e responsabilização em sistemas de IA usados no trabalho

Proteção de Dados dos Trabalhadores: Leis específicas sobre coleta, uso e proteção de dados de funcionários em ambientes digitais

Flexibilidade Trabalhista Consciente: Regulamentações que facilitam modelos de trabalho inovadores (como semana de 4 dias) sem comprometer proteções trabalhistas

Saúde Mental Ocupacional: Reconhecimento legal de riscos psicossociais digitais e exigências de proteção

Exemplos De Liderança Governamental:

União Europeia: AI Act estabelecendo padrões globais para IA ética

França: Pioneirismo no direito à desconexão inspirando legislações globais

Islândia: Experimentos nacionais com semana de 4 dias demonstrando viabilidade em escala

Portugal: Legislação proibindo contato de

empregadores fora do horário de trabalho

7.3. Educação para a Era 5.0: Preparando Futuras Gerações

Alfabetização Digital, Emocional e Ética para o Futuro

O sistema educacional deve evoluir para preparar pessoas não apenas para usar tecnologia, mas para navegar conscientemente a Era 5.0.

Currículos Essenciais Da Era 5.0:

Alfabetização em IA: Compreensão básica de como IA funciona, seus potenciais e limitações

Inteligência Emocional Digital: Habilidades para navegar relacionamentos e bem-estar em ambientes digitais

Pensamento Crítico Algorítmico: Capacidade de questionar e avaliar sistemas automatizados

Ética Tecnológica: Compreensão das implicações morais e sociais das escolhas tecnológicas

Bem-Estar Digital: Estratégias práticas para manter saúde mental em ambientes hiperconectados

Colaboração Humano-IA: Habilidades para trabalhar efetivamente com sistemas inteligentes

Transformações Pedagógicas Necessárias:

Aprendizado Personalizado: Uso de IA para adaptar

educação às necessidades individuais

Foco em Habilidades Humanas: Priorização de criatividade, empatia e pensamento crítico

Educação Continuada: Sistemas que suportam aprendizado ao longo da vida

Integração Trabalho-Educação: Modelos que combinam aprendizado teórico com aplicação prática

7.4. O Papel da Sociedade Civil e Organizações Sindicais

Vozes Coletivas para Mudança Sistêmica

Sindicatos, associações profissionais e organizações da sociedade civil têm papel fundamental na defesa dos direitos dos trabalhadores na Era 5.0.

Prioridades Da Ação Sindical 5.0:

Negociação de Direitos Digitais: Acordos coletivos que incluem proteções contra vigilância excessiva e direito à desconexão

Participação em Decisões de IA: Representação dos trabalhadores em decisões sobre implementação de sistemas automatizados

Proteção de Grupos Vulneráveis: Atenção especial aos impactos desproporcionais da digitalização em minorias

Promoção de Modelos Alternativos: Advocacia por semana de 4 dias e outros modelos de trabalho mais

relacionada ao trabalho digital

Pontuação de Equidade Algorítmica: Avaliando justiça em sistemas de IA usados no trabalho

Métrica de Sustentabilidade do Trabalho: Considerando impactos ambientais e sociais dos modelos de trabalho

Indicador de Flexibilidade Consciente: Medindo acesso a modelos de trabalho alternativos

Índice de Preparação para IA: Avaliando capacidade social de navegar transformações tecnológicas

Métricas Organizacionais Expandidas:

ROI de Bem-Estar: Retorno sobre investimento em saúde mental e bem-estar dos funcionários

Índice de Inovação Humano-IA: Medindo efetividade da colaboração entre humanos e sistemas inteligentes

Pontuação de Impacto Social: Avaliando contribuição organizacional para comunidades e sociedade

Métrica de Resiliência Adaptativa: Capacidade de navegar mudanças mantendo valores humanos

7.7. Desafios Globais e Soluções Coletivas

Abordando Questões que Transcendem Fronteiras

Alguns desafios da Era 5.0 são inerentemente globais e requerem coordenação internacional.

Desafios Globais Prioritários:

Desigualdade Digital: Garantir que benefícios da Era 5.0 não sejam limitados a países ou grupos privilegiados

Padrões Éticos Universais: Desenvolvimento de princípios globais para IA e trabalho digital

Migração de Talentos: Gerenciar fluxos de trabalhadores qualificados de forma justa e sustentável

Impactos Ambientais: Coordenar esforços para reduzir pegada de carbono do trabalho digital

Proteção de Dados Transfronteiriça: Harmonizar proteções de privacidade para trabalhadores globais

Mecanismos De Coordenação:

Organizações Internacionais: OIT, UNESCO, e outras organizações adaptando mandatos para Era 5.0

Tratados e Acordos: Instrumentos internacionais sobre direitos digitais dos trabalhadores

Redes de Cidades: Colaboração entre centros urbanos para testar modelos inovadores

Plataformas Multi-Stakeholder: Fóruns globais para diálogo sobre futuro do trabalho

7.8. Seu Papel na Transformação Coletiva

Como Você Pode Contribuir para a Era 5.0

A transformação coletiva da Era 5.0 não acontece apenas através de grandes instituições - ela requer a participação ativa de cada indivíduo consciente.

Ações Individuais Com Impacto Coletivo:

Educação Continuada: Manter-se informado sobre desenvolvimentos da Era 5.0 e suas implicações

Advocacy Pessoal: Promover práticas conscientes da Era 5.0 em seu ambiente de trabalho e comunidade

Participação Cívica: Engajar-se em discussões públicas sobre políticas relacionadas ao futuro do trabalho

Consumo Consciente: Apoiar organizações que adotam práticas alinhadas com valores da Era 5.0

Mentoria e Educação: Compartilhar conhecimentos sobre navegação consciente da Era 5.0 com outros

Experimentação Responsável: Testar e documentar práticas inovadoras que possam inspirar outros

Ações Organizacionais:

Liderança por Exemplo: Implementar práticas da Era 5.0 e compartilhar resultados publicamente

Colaboração Setorial: Trabalhar com outras organizações para desenvolver padrões e melhores práticas

Investimento em Pesquisa: Apoiar estudos sobre impactos e oportunidades da Era 5.0

Transparência e Responsabilidade: Reportar publicamente sobre práticas de IA, bem-estar e sustentabilidade

Advocacy Política: Participar de discussões sobre

regulamentação e políticas públicas

7.9. Visão para 2030: Como Será a Era 5.0 Madura

Projetando o Futuro que Estamos Construindo Juntos

Se implementarmos com sucesso os princípios e ações descritas neste manifesto, como será o mundo do trabalho em 2030?

Cenário 2030 - Era 5.0 Madura:

Flexibilidade Normalizada: Modelos de trabalho flexíveis (incluindo semana de 4 dias) são opções padrão, não exceções

IA Colaborativa: Sistemas inteligentes são parceiros transparentes e auditáveis, amplificando capacidades humanas

Bem-Estar Integrado: Saúde mental e equilíbrio vida-trabalho são métricas organizacionais padrão

Diversidade Valorizada: Ambientes de trabalho genuinamente inclusivos onde diferenças são celebradas como vantagens

Educação Adaptativa: Sistemas educacionais que preparam pessoas para colaboração consciente com IA

Regulamentação Ágil: Marcos legais que protegem trabalhadores sem inibir inovação responsável

Sustentabilidade Integral: Modelos de trabalho que beneficiam economia, sociedade e meio ambiente simultaneamente

Indicadores De Sucesso Em 2030:

- **50% das organizações** oferecem modelos de trabalho flexíveis como padrão
- **Redução de 40%** em burnout e estresse relacionado ao trabalho
- **Aumento de 30%** em satisfação e engajamento dos funcionários
- **Paridade de oportunidades** para grupos minoritários em ambientes digitais
- **Redução de 25%** na pegada de carbono relacionada ao trabalho
- **90% dos trabalhadores** têm acesso à educação sobre colaboração com IA

7.10. O Chamado Final: Construindo Juntos a Era 5.0

Um Convite à Ação Coletiva Consciente

A Era 5.0 não é um destino inevitável - é uma possibilidade que só se realizará através de escolhas conscientes e ação coordenada. Cada decisão que tomamos sobre como usar tecnologia, como estruturar trabalho, como tratar colegas, e como definir sucesso é um voto no tipo de futuro que queremos criar.

Este manifesto é simultaneamente um diagnóstico do presente e uma visão do possível. É um reconhecimento de que estamos em um momento de inflexão histórica onde temos oportunidade única de moldar conscientemente o futuro do trabalho, em vez de simplesmente reagir às mudanças impostas por forças externas.

O Compromisso Da Era 5.0:

Como participantes conscientes na construção da Era 5.0, comprometemo-nos a:

Colocar a humanidade no centro de todas as decisões sobre tecnologia e trabalho

Valorizar a diversidade como fonte de força e inovação

Buscar sustentabilidade integral que beneficie pessoas, comunidades e planeta

Promover transparência e responsabilidade em sistemas que afetam vidas humanas

Colaborar conscientemente com IA de forma que amplifique nossa humanidade única

Apoiar modelos de trabalho que permitam florescimento humano integral

Educar e capacitar outros para navegar conscientemente esta transformação

Advocar por políticas que protejam direitos e promovam bem-estar

Medir sucesso de forma holística, incluindo impacto humano e social

Manter esperança ativa de que podemos criar um futuro melhor, juntos

Sua Próxima Ação:

A leitura deste livro é apenas o começo. A Era 5.0 será construída através de milhões de ações individuais e coletivas. Sua próxima ação - seja uma conversa com colegas, uma proposta para sua organização, um voto consciente, ou simplesmente uma mudança em seus próprios hábitos digitais - é parte desta construção coletiva.

A Era 5.0 não é algo que está acontecendo para você - é algo que está acontecendo através de você, com você, por causa de você. Você não é apenas um observador desta transformação histórica; você é um de seus arquitetos.

O futuro do trabalho está sendo escrito agora. E você tem uma caneta na mão.

Reflexões para a Era 5.0 - Capítulo 7

1. **Seu Manifesto Pessoal:** Dos princípios da Era 5.0 apresentados, quais ressoam mais profundamente com você? Como você articularia seu próprio manifesto pessoal para navegar e contribuir com esta era?

2. **Ação Coletiva:** Que tipo de ação coletiva você se sente mais motivado a apoiar ou liderar? Como pode começar a se envolver em transformações sistêmicas em sua comunidade ou setor?

3. **Visão 2030:** Como você imagina sua vida profissional e pessoal em 2030 se os ideais da Era 5.0 se realizarem? Que papel você quer desempenhar na construção dessa realidade?

POSFÁCIO:

Co-Criando a Era 6.0

O Futuro Além do Horizonte: Preparando as Próximas Transformações

Chegamos ao final desta jornada através da Era 5.0, mas como toda boa jornada, ela nos deixa não com respostas definitivas, mas com perguntas mais profundas e uma visão expandida do que é possível. Se a Era 5.0 é sobre escolha consciente na integração entre vida e trabalho com IA como parceira, o que virá depois?

Embora seja impossível prever com precisão como será a Era 6.0, podemos identificar sementes que já estão sendo plantadas hoje. E mais importante: podemos reconhecer que nossa forma de navegar a Era 5.0 determinará as possibilidades e desafios da próxima era.

Sementes Da Era 6.0: O Que Já Podemos Vislumbrar

Inteligência Artificial Generalizada (AGI)

Se a Era 5.0 é caracterizada por IA especializada que colabora conosco em tarefas específicas, a Era 6.0 pode ser definida pela emergência de Inteligência Artificial

Generalizada - sistemas que podem raciocinar, aprender e criar em níveis comparáveis ou superiores aos humanos em múltiplos domínios.

Isso não significa substituição humana, mas uma redefinição ainda mais radical do que significa "trabalho humano". Se AGI pode fazer quase tudo que fazemos cognitivamente, nossa contribuição única pode se concentrar em áreas como:
- Consciência e experiência subjetiva
- Valores éticos e julgamento moral contextual
- Conexão emocional e espiritual
- Criatividade baseada em experiência vivida
- Liderança inspiracional e construção de significado

Realidade Aumentada Ubíqua

A Era 6.0 pode ser caracterizada pela integração total entre mundo físico e digital através de realidade aumentada, onde a distinção entre "online" e "offline" desaparece completamente. Isso criará novas possibilidades para:
- Colaboração espacial global - trabalhar "fisicamente" junto com pessoas em qualquer lugar do mundo
- Personalização ambiental total - cada pessoa pode ter seu ambiente de trabalho otimizado digitalmente
- Aprendizado contextual contínuo - informação e educação integradas semelhantes à experiência diária

Biotecnologia E Aprimoramento Humano

A convergência entre tecnologia digital e biotecnologia pode levar a possibilidades de aprimoramento cognitivo e físico que redefinirão completamente capacidades humanas e, consequentemente, o trabalho.

Economia Pós-Escassez

Se a automação avançada e AGI tornarem a produção de bens e serviços básicos praticamente gratuita, a Era 6.0 pode ser caracterizada por uma economia focada em:

- Experiências e relacionamentos
- Arte e expressão criativa
- Exploração e descoberta
- Desenvolvimento pessoal e espiritual
- Contribuição social e impacto

Preparando-Se Para O Desconhecido

Embora não possamos prever exatamente como será a Era 6.0, podemos desenvolver capacidades que nos prepararão para navegar qualquer transformação futura:

Adaptabilidade Fundamental

A habilidade mais importante para o futuro pode ser a capacidade de se adaptar rapidamente a mudanças fundamentais mantendo valores centrais e identidade.

Pensamento Sistêmico

Compreender como diferentes elementos se conectam e influenciam mutuamente será essencial para navegar sistemas cada vez mais complexos.

Inteligência Emocional Avançada

À medida que IA assume mais funções cognitivas,

nossa capacidade de compreender, processar e navegar emoções - próprias e alheias - se torna ainda mais valiosa.

Criatividade Autêntica

Desenvolver formas únicas de expressão e solução de problemas que refletem experiência e perspectiva humana única.

Construção De Significado

A habilidade de encontrar e criar propósito e significado, especialmente em contextos de mudança rápida.

Responsabilidades Da Era 5.0 Para Com A Era 6.0

Como arquitetos da Era 5.0, temos responsabilidades específicas para com as gerações futuras:

Estabelecer Precedentes Éticos

As decisões que tomamos hoje sobre IA, privacidade, equidade e bem-estar estabelecem precedentes que influenciarão décadas futuras.

Desenvolver Instituições Adaptáveis

Criar organizações, leis e sistemas sociais que possam evoluir com mudanças tecnológicas mantendo valores humanos centrais.

Educar Para A Incerteza

Preparar pessoas não apenas para trabalhos específicos, mas para navegar mudanças constantes com confiança e propósito.

Preservar Diversidade

Garantir que a padronização tecnológica não elimine a rica diversidade de perspectivas, culturas e formas de ser humano.

Manter Conexão Humana

Preservar e cultivar nossa capacidade de conexão genuína entre pessoas, mesmo em mundos cada vez mais mediados por tecnologia.

Uma Reflexão Final: O Que Permanece

Através de todas as eras - da agricultura à industrial, da digital à Era 5.0 e além - certas necessidades humanas fundamentais permanecem constantes:
- A necessidade de propósito e significado
- O desejo de conexão e pertencimento
- A busca por crescimento e realização
- A importância de contribuir para algo maior que nós mesmos
- A necessidade de equilíbrio e bem-estar

Tecnologias mudam, estruturas econômicas evoluem, mas essas necessidades fundamentais permanecem. O sucesso de qualquer era - incluindo a 5.0 e a futura 6.0 - será medido por quão bem ela atende a essas necessidades humanas universais.

Seu Legado Na História Do Trabalho

Você está vivendo e ajudando a criar um momento histórico. Suas escolhas sobre como usar tecnologia, como tratar colegas, como definir sucesso, e como equilibrar vida e trabalho estão contribuindo para uma transformação que será estudada por gerações futuras.

Que legado você quer deixar? Que tipo de Era 5.0 você quer ajudar a criar? E como suas ações hoje podem plantar sementes para uma Era 6.0 ainda mais humana, justa e sustentável?

A jornada através da "Vida em Fluxo 5.0" não termina com a última página deste livro. Ela continua em cada decisão consciente que você toma, em cada conversa que inicia, em cada pequena ação que contribui para um futuro do trabalho mais humano.

O futuro não é algo que acontece para você - é algo que você está criando ativamente. E nessa criação, você não está sozinho. Você faz parte de uma geração única na história, com oportunidades e responsabilidades sem precedentes.

Use-as bem. O futuro está contando com isso.

GLOSSÁRIO DA ERA 5.0

Definições dos Conceitos-Chave para Navegar a Nova Era do Trabalho

Alfabetização Algorítmica: Capacidade de compreender, questionar e interagir criticamente com sistemas baseados em algoritmos, incluindo o reconhecimento de potenciais vieses e limitações da automação.

Burnout 5.0: Forma específica de esgotamento da Era 5.0, caracterizada por exaustão causada pela hiperconectividade, dissolução de fronteiras entre vida pessoal e trabalho, e pressão por performance constante em ambientes digitais.

Colaboração Humano-IA: Modelo de trabalho onde inteligência artificial e capacidades humanas se complementam, com IA assumindo tarefas repetitivas e analíticas enquanto humanos focam em criatividade, empatia e julgamento ético.

Direito à Desconexão: Direito legal e ético dos trabalhadores de não serem obrigados a responder comunicações de trabalho fora do horário estabelecido, garantindo tempo para descanso e vida pessoal.

Era 5.0: Período atual caracterizado pela integração consciente entre vida pessoal e trabalho, com IA como parceira, foco no bem-estar humano, diversidade como força, e escolha intencional sobre como tecnologia impacta nossas vidas.

Fadiga de Videochamada (Zoom Fatigue): Exaustão específica causada por reuniões virtuais excessivas, resultante de contato visual intenso, autoconsciência constante, mobilidade reduzida e sobrecarga cognitiva.

Human-in-the-Loop: Princípio de design de sistemas automatizados que garante que humanos permaneçam envolvidos em decisões importantes, especialmente aquelas que afetam outras pessoas.

Inteligência Emocional 5.0: Evolução da inteligência emocional tradicional para incluir habilidades de navegação emocional em ambientes digitais, incluindo comunicação empática virtual e autoregulação em contextos tecnológicos.

Liderança 5.0: Estilo de liderança caracterizado por empatia, adaptabilidade, foco no bem-estar da equipe, e habilidade de facilitar colaboração efetiva entre humanos e IA.

Mindfulness 5.0: Adaptação das práticas de mindfulness para a era digital, incluindo presença consciente em meio ao fluxo digital constante e uso intencional da atenção como recurso escasso.

Quiet Quitting: Fenômeno onde funcionários fazem apenas o mínimo necessário no trabalho como forma de proteger bem-estar mental e estabelecer limites saudáveis.

Segurança Psicológica 5.0: Ambiente onde pessoas se sentem seguras para expressar ideias, fazer perguntas e cometer erros, especialmente importante em contextos digitais e de mudança tecnológica rápida.

Semana de 4 Dias: Modelo de trabalho que reduz dias trabalhados (geralmente de cinco para quatro) mantendo produtividade através de maior eficiência e uso estratégico de tecnologia.

Síndrome da Prontidão Permanente: Condição caracterizada pela sensação e expectativa de estar sempre disponível para demandas profissionais, independentemente do horário ou local.

Tecnoestresse 5.0: Estresse específico da era digital causado por sobrecarga de ferramentas tecnológicas, pressão por adaptação constante a novas tecnologias, e ansiedade relacionada à competência digital.

Trabalho Híbrido 5.0: Modelo que combina trabalho presencial e remoto de forma intencional e estratégica, otimizando benefícios de ambos os ambientes baseado em necessidades específicas de tarefas e pessoas.

Transparência Algorítmica: Princípio que exige que sistemas de IA sejam explicáveis e auditáveis, especialmente quando influenciam decisões que afetam vidas humanas.

Vieses Algorítmicos: Discriminações sistemáticas incorporadas em sistemas de IA frequentemente refletindo preconceitos históricos presentes nos dados de treinamento.

REFERÊNCIAS BIBLIOGRÁFICAS

Acemoglu, D., & Restrepo, P. (2019). Automation and new tasks: How technology complements labor. Journal of Economic Perspectives, 33(2), 3-30.

ADP Research Institute. (2023). People at Work 2023: A Global Workforce View.

Alderman, L., & Staines, B. (2021, July 6). Iceland's Four-Day Work Week Trial: 'Overwhelming Success'. The New York Times.

Bailenson, J. N. (2021). Nonverbal overload: A theoretical argument for the causes of Zoom fatigue. Technology, Mind, and Behavior, 2(1).

Brod, C. (1984). Technostress: The human cost of the computer revolution. Addison-Wesley. ISBN: 978-0201112402.

Buolamwini, J., & Gebru, T. (2018). Gender Shades: Intersectional accuracy disparities in commercial gender classification. Proceedings of the 1st Conference on Fairness, Accountability, and Transparency, 77-91.

Cascio, W. F. (2019). Managing human resources: Productivity, quality of work life, profits (11th ed.). McGraw-Hill Education. ISBN: 978-1259911194.

Ciric, N., & Rofat, B. (2020). The Right to Disconnect: A Scoping Review of the Evidence in France and Portugal. European Journal of Work and Organizational Psychology.

Clark, S. C. (2000). Work/family border theory: A new theory of work/family balance. Human Relations, 53(6), 747-770.

Deloitte. (2023). Global Human Capital Trends 2023. Deloitte Insights.

Dowling, J., & Staines, J. (2023). The UK's Four-Day Week Pilot: Executive Summary & Headline Results. Autonomy.

Edmondson, A. (1999). Psychological safety and learning behavior in work teams. Administrative Science Quarterly, 44(2), 350-383.

Eurofound. (2020). Working anytime, anywhere: The effects on the world of work. Publications Office of the European Union.

European Parliament. (2024, March 13). Artificial Intelligence Act: MEPs adopt landmark law.

Ferreira, M. C., & Assmar, E. M. L. (2020). A síndrome da prontidão permanente: um novo desafio para a saúde do trabalhador. Psicologia: Teoria e Pesquisa, 36, e36401.

4 Day Week Global. (2023). Global Trials.

Friedman, T. L. (2005). The world is flat: A brief history of the twenty-first century. Farrar, Straus and Giroux. ISBN: 978-0374292799.

Foucault, M. (1975). Surveiller et punir: Naissance de la prison. Gallimard. ISBN: 978-2070729635. (Edição original francesa).

Gallup. (2022). State of the Global Workplace 2022

Report.

Gallup. (2023). State of the Global Workplace 2023 Report.

Gandini, A. (2019). Labour process theory and the gig economy: A critical insight. Sociology, 53(6), 1121-1136.

Han, B.-C. (2010). Müdigkeitsgesellschaft. Matthes & Seitz Berlin. ISBN: 978-3882215751. (Edição original alemã; Tradução para o português: Sociedade do Cansaço).

Kabat-Zinn, J. (1990). Full catastrophe living: Using the wisdom of your body and mind to face stress, pain, and illness. Delacorte Press. ISBN: 978-0385306745.

Khan, W. A. (2021). The importance of psychological safety in the workplace. Journal of Leadership, Accountability and Ethics, 18(3), 89-97.

Kossek, E. E. (2016). The new work-life challenge: Making work-life boundaries work for you. Organizational Dynamics, 45(4), 284-290.

LinkedIn Learning. (2024). Workplace Learning Report 2024.

Manyika, J., Chui, M., Miremadi, M., Bughin, J., George, K., Willmott, P., & Dewhurst, M. (2017). Jobs lost, jobs gained: What the future of work will mean for jobs, skills, and wages. McKinsey Global Institute. .

Maslach, C., Schaufeli, W. B., & Leiter, M. P. (2001). Job burnout. Annual Review of Psychology, 52(1), 397–422.

Mateescu, A., & Nguyen, A. (2019). Explainer: Workplace Monitoring & Tech. Data & Society.

McKinsey Global Institute. (2017). A Future that Works: Automation, Employment, and Productivity.

Ministério da Previdência Social. (2022). Anuário Estatístico da Previdência Social 2022.

Noble, S. U. (2018). Algorithms of oppression: How search engines reinforce racism. NYU Press. ISBN: 978-1479837243.

OECD. (2019). OECD Skills Outlook 2019: Thriving in a Digital World. OECD Publishing.

OMS - Organização Mundial da Saúde. (2010). Healthy workplaces: A model for action: For employers, workers, policy-makers and health and safety professionals.

OMS - Organização Mundial da Saúde. (2019). Burn-out an "occupational phenomenon": International Classification of Diseases.

Ozcelik, H., & Fiş, A. M. (2017). Loneliness and social isolation in the workplace: A systematic review. Journal of Organizational Behavior, 38(7), 1001–1019.

Pérez, I. (2021, April 14). Spain launches pilot programme for four-day working week. El País.

Portaria MTE nº 1.419, de 27 de março de 2024. Altera a Norma Regulamentadora nº 1 (NR-1) - Disposições Gerais e Gerenciamento de Riscos Ocupacionais. Diário Oficial da União.

Robert Half. (2023). Guia Salarial 2023.

Turkle, S. (2011). Alone together: Why we expect more from technology and less from each other. Basic Books. ISBN: 978-0465019368.

Twenge, J. M., Campbell, S. P., & Hoffman, B. J. (2010). Generational differences in work values: A meta-analysis. Journal of Organizational Behavior, 31(5), 653-682.

UNESCO. (2021). Recommendation on the Ethics of

Artificial Intelligence.

Xu, J., & Cai, S. (2022). Exploring the concept of "quiet quitting" in the context of job embeddedness and psychological contract violation. Journal of Vocational Behavior, 139, 103801.

Zuboff, S. (2019). The age of surveillance capitalism: The fight for a human future at the new frontier of power. PublicAffairs. ISBN: 978-1610395694.Aplicando Estilo "Normal" - Parágrafo com espaço entre parágrafos (para cada entrada da bibliografia)

Nota sobre Conflitos de Interesse: O autor declara não possuir conflitos de interesse relacionados à publicação deste livro.

Financiamento: Esta pesquisa para o livro não recebeu financiamento específico de agências de fomento públicas, comerciais ou sem fins lucrativos.

Contribuições do Autor: O autor contribuiu para a concepção, pesquisa, análise e redação de todo o manuscrito, integrando perspectivas multidisciplinares sobre o futuro do trabalho na Era 5.0.

Made in United States
Orlando, FL
22 June 2025

62308031R00069